ROCK SEI DANK

Boisy Beefeater

**BOOKS ON DEMAND VERLAG
NORDERSTEDT**

ROCK SEI DANK

GESCHICHTEN, BERICHTE, INTERVIEWS
UND
ANDERES ZEUGS

VON
BOISY BEEFEATER

- Taschenbuchausgabe -

BILDNACHWEIS

Buchcover Vorder -und Rückseite:

Aufgenommen 1988 bei einem Auftritt in der Musikkneipe Frosch
in Hannover-Limmer von Helmut Klingenberg.
Langjähriger Beobachter und Fotograf der hannoverschen
Musikszene. Verstorben (R.I.P).

Bibliografische Information der Deutschen Nationalbibliothek: Die
Deutsche Nationalbibliothek verzeichnet diese Publikation in der
Deutschen Nationalbibliografie, detaillierte bibliografische
Daten sind im Internet über http://dnbdnb.de abrufbar.

Taschenbuch 1. Auflage (überarbeitet)
Erstausgabe erschienen im August 2018 (ISBN 978-3-7528-0622-9)

Copyright © 2020 by Boisy Beefeater, Wetmountain
Herstellung und Verlag: BoD - Books on Demand, Norderstedt
Printed in Germany

ISBN 978-3-7519-0797-2

Gewidmet all jenen, die mich kennen.
Insbesondere meiner lieben Frau P.

VORWORT

von Jo Rednas

Freischaffender Musikjounalist,
schreibt für diverse Zeitungen und Zeitschriften.

Boisy erzählte mir eines Tages, dass er einige Geschichten im Kopf hat, die er gerne zu Papier bringen möchte, und ob ich ihm dabei helfen könnte.

„Warum nicht?", sagte ich zu ihm. Ich fragte „Worüber willst du denn schreiben?" Er sagte: „Über entscheidende Einflüsse und Erlebnisse im Leben eines Musikers."

Das hier nun vorliegende Material ist zum größten Teil in der Straßenbahn niedergeschrieben worden und zwar auf dem Weg zur Arbeit nach Wettbergen/Altwarmbüchen. Ein besonderer Dank geht deshalb an die Piloten der Üstra-Linie 3.

Während andere Fahrgäste mit ihren Smartphones vermutlich sinnfrei herumdaddelten, schrieb Boisy eifrig seine Geschichten, wunderbar altmodisch mit analogem Bleistift auf realem Papier. Abends wurden diese dann im klassischen Zweifinger-Suchsystem in den PC gehackt und in Form gebracht. Dieser eher langweilige Teil wurde mit dem einen oder anderen guten Tropfen erträglich gemacht.

Nicht alles in diesem Buch ist wahrheitsgetreu, einiges ist ziemlich schräg, aber alternative Fakten haben ja Hochkonjunktur. Die Hauptsache ist jedoch, dass Sie als Leser genau so viel Spaß mit diesem Buch haben, wie Boisy beim Verfassen der Geschichten. Ich hatte ihn jedenfalls.

DAS BUCH

Einige Personen, Bands & Kapellen in diesem Buch sind frei erfunden.

Herauszufinden, welche das sein könnten, bleibt dem verehrten Leser selbst überlassen.

Sollten Ähnlichkeiten oder gar Übereinstimmungen mit tatsächlichen Personen, Bands und Kapellen auftreten, war das nicht beabsichtigt oder gewollt.

Es handelt sich dann um Reiner Zufall. Die Anschrift finden sie am Ende des Buches.

Alle anderen genannten Personen, Bands und Kapellen gab es wirklich und gibt es teils immer noch, und das ist auch gut so.

Vielen Dank an meinen alten Freund und Weggefährten Jo Rednas für die Textaufbereitung und einige Wortbeiträge.

B. Beefeater

... übrigens
Was ist eigentlich eine Durststrecke?

Unter einer Durststrecke
versteht man den Weg
von einer Kneipe zur nächsten.
(Unbekannt)

Boisy - ein Porträt, gezeichnet von dem wunderbaren Franky
aus dem kleinen, wunderschönen Ort Matala (Kreta).

Boisy wurde am 5. August 1958 in Rinteln an der Weser geboren. Es wurde das dritte Kind der Familie, und wieder ein Junge. Er durchlief eine ganz normale Kindheit und absolvierte 1974 seinen Abschluss an der dortigen Hauptschule.

In der Schule bekam er irgendwann den Spitznamen Boysie verpasst. Wie der Name genau entstand, ist nicht mehr nachzuvollziehen. Zeitzeugen, etwa Schulkameraden waren nicht aufzufinden. Der Name kommt wohl aus dem Englischen, von Schoolboy. Er war ein netter, schlanker, gut aussehender Schuljunge, der bei den Mädels gut ankam. Das School wurde weggelassen, an das Boy wurde noch ein Sie gehängt, und fertig war der Name Boysie. Jahre später wurde die Schreibweise des Namens in Boisy geändert (er wollte wohl als gestandener Mann nicht mehr mit Boy in Verbindung gebracht werden bzw. nichts mehr damit zu tun haben).

Einige Zeit später, Mitte der 1980er-Jahre folgte ein Zuname: Beefeater. Es gibt eine bekannte Ginsorte gleichen Namens, die jedoch nicht ausschlaggebend war.

Er setzt sich zusammen aus Beef (Steak) und Eater (Esser), also Steakesser (Fleisch ist sein Gemüse!). Damit war der Name komplett: *Boisy Beefeater.*

Nach dem Schulabschluss machte er eine Ausbildung in einem handwerklichen Beruf und entdeckte die Liebe zur Musik. Er gründete mit einigen Freunden die Band Raam (dazu mehr im nächsten Kapitel) und ließ sich die Haare bis zum Bauchnabel wachsen.

Ein halbes Jahr vor Beendigung der Ausbildung sagte sein Lehrherr: „Entweder die Haare kommen ab und du kannst weiterarbeiten oder aber du lässt dir die Haare weiterwachsen und gehst". Boisy machte noch die Gesellenprüfung und entschied sich für die zweite Option.

Lieber wollte er ein (Kraut)Rockstar werden und mit der Band Raam Karriere machen.

1981 zog es ihn nach Hannover und er drang in die dortige Musikszene ein. Mitte des Jahrzehnts war er Gründungsmitglied der Chicago Blues Section (CBS). Sie machten zwar keinen Chicago-Blues - wie auch? Chicago war in weiter Ferne - dafür aber weißen, rauen, Johnny Winter orientierten City-Blues. Aus CBS entstand dann später die Sixpack Bluesgang. Er spielte unter verschiedenen (Künstler)Namen bis 2002 in diversen hannoverschen Bands, wie z. B. Powerful Stuff, Backseat Lovers, Rocks Off, Rockoholics, Dr. Sixpack, doch der große Durchbruch blieb ihm verwehrt.

1998 machte er eine Art Umschulung. Er arbeitet seitdem als Verkäufer in der Entertainmentabteilung eines Großen Elektro-Kaufhauses.

2002 zog er sich ganz aus der Musikszene zurück. Er wollte ein Jahr Pause machen und sich neu orientieren, sagte er zu mir. Aus einem Jahr Pause wurden sieben.

Seit 2007 lebt er mit seiner Frau zurückgezogen in einem kleinen Dorf in der Nähe von Hannover.

2009 hat er wieder angefangen Musik zu machen. Unter dem Namen Boisy B spielt er in einer sechsköpfigen Band.

Trotz seiner traumatischen Erlebnisse in den 1970er Jahren, insbesondere des tragischen Unglücks mit der Krautrockband RAAM, kann er es einfach nicht lassen. Einmal Mucker, immer Mucker, oder wie heißt es so schön?

Wir dem auch sei, seit diesem Unglück ist er traumatisiert und wird nie wieder zu seiner alten Form zurückkehren.

Wie kam es also zu der Wiederaufnahme?

Im April 2009 erschien eine Anzeige in der Magascene - das Stadtmagazin für Hannover -, die Boisy keine Ruhe mehr ließ. Gesucht wurde ein Schlagzeuger für eine Bluesband.

Im Mai 2009 verbrachten sie den 50. Geburtstag seiner lieben Frau im Spreewald. Sie sprachen über die Annonce. Boisy war, seit er sie gelesen hatte, völlig aufgewühlt, fühlte sich irgendwie beobachtet, war hin und hergerissen. Die nervösen Zuckungen in seinen Händen wurden immer stärker und waren nicht zu kontrollieren.

Die Götter des Rock gaben ihm schließlich eines Morgens ein Zeichen, das er nicht ignorieren konnte. Sie saßen draußen auf der Terrasse und waren am Frühstücken. Auf einmal kam starker Wind auf, es wurde dunkel. Blitze und Donner drangen vom Himmel herunter und ließen den Spreewald erzittern.

Dann schlug plötzlich ein purpurfarbener Blitz direkt in den runden Tisch ein , an dem sie saßen, woraufhin er in der Mitte entzweibrach. Boisy fiel vor Schreck vom Stuhl und hielt sich mit beiden Händen den Kopf. Seine Frau saß fassungslos mit großen Augen daneben und schaute dem Spektakel zu. Vor ihnen stand eine göttlich leuchtende Erscheinung, eine skurrile Mischung aus Gitarre und Mensch. Ein Rockgott mit fünf Saiten. Sie sagte in einer tiefen, furchteinflößenden Stimme:

DU MUSST DICH DA MEEEEHLEN!!

Mehr sagte sie nicht (es handelte sich bei der zuvor erwähnten Annonce um eine mit einer E-Mehlanschrift).

Es gab einen weiteren Blitz und dann war SIE auch schon wieder verschwunden. Sie konnten beide nicht fassen, was da gerade passiert war. Auch die um sie herum sitzenden Frühstücksgäste waren irritiert. Ein in der Nähe stehender Ober kam zu den beiden und fragte aufgeregt, ob er was tun könne. Boisy gab eine Bestellung auf: zwei Spreewalder Pils zur Beruhigung und einen neuen Tisch. Dann stand er auf, setzte sich auf seinen Stuhl und zündete sich eine Zigarette an.

Die eindringlichen Worte hingen unwiderruflich in seinen Gehörgängen fest.

Ein paar Tage später kehrten sie nach Hause zurück. Und was tat er als Erstes? Sich auf die Annonce mehlen!

JA, ROCK SEI DANK!

Das erste Konzert mit der Bluesbox No. 10 fand am 20.03.2010 im Kulturpalast in Hannover-Linden statt.

Aber, wie das so ist, es ging nicht lange gut. Die Band löste sich schon im Mai 2012 wieder auf. Zwei unterschiedliche Strömungen bezüglich der weiteren Ausrichtung der Band führten dazu. Den letzten Auftritt gaben sie am 24. April 2012 in der Philharmonie in Hannover.Durch die Auflösung entstanden zwei neue Bands. Die eine Band mit Boisy nannte sich The Wang Dang Doodle Gang und die andere Vettes Katze.

Boisy war von der neuen Besetzung (Gesang, zwei Gitarren, Bass und Schlagzeug) angetan, zumal auch sein alter Bassmann Wolle, der auch beim Dritten Ohr mitgespielt hatte, dabei war.

Leider ging das ebenso wenig gut. Sie spielten noch im August 2013 auf der Party von Boisy zum 55sten Geburtstag, dann stieg der Bassmann aus. Ein Ersatz war nicht zu finden, Ende des Jahres ging der Sänger. Boisy hatte auch keine Lust mehr und damit war die Sache erledigt. Die Band wurde aufgelöst. Boisy machte jedoch weiter.

Ein ehemaliger Mitmusiker erzählte ihm von einer Bluessession im Minchen. die dort regelmäßig stattfand - inzwischen nicht mehr, der Laden hat leider zugemacht. Boisy wurde neugierig und schaute mal rein, um zu gucken,

16

was da so abgeht. Er fand Gefallen daran, mit unbekannten Leuten auf der Bühne zu stehen und zu musizieren.

Seit Frühjahr 2014 sieht man ihn häufiger bei der ein oder anderen Session in Hannover, zum Beispiel in der Marlene oder im Frosch. Die Blues-Session im Minchen wird seit September 2016 im Clubhaus 06 Hannover fortgesetzt. Immer am ersten Freitag im Monat, schaut mal rein.

Seit Februar 2014 spielt er zudem fest in einer Akustik-Formation mit Gitarre und Gesang, Banjo und Akkordeon. Er knüpft dort den rhythmischen Teppich. Es macht ihm viel Spaß, weil es etwas völlig anderes ist: Sie spielen Oldies in einem neuem Arrangement und Folk und Countrysongs. Die Band nennt sich Forever And The Day (siehe auch Weblinks). Aber das ist noch nicht alles, auch eine elektrische Band ist am Start. Zwei Gitarren , Bass, Schlagzeug. Das hat ihm wohl gefehlt. Sie nennen sich Low Performers, eine Blues- und Rockcoverband.

Er kann es einfach nicht lassen ...

Auf die Frage, wofür der Buchstabe B steht, hier die Antwort von Boisy B persönlich:

„Das B kann, soll, alles oder nichts bedeuten!"

Es kann also für alles Mögliche stehen, etwa für Böschungsmauer, Ballermann, Bergland, Banküberfall, Betonpfeiler, Baguette, Bluesbox, Bulletten, Bockbier, Busengrapscher, Bachstelze, Beethoven, Bong, Büstenhalter, Bauaufsichtsbehörde.

Tja, sucht Euch einfach ein Wort aus oder (er)findet selber eins, es wird schon passen!

Zum Schluss möchte ich noch Folgendes los werden:

Ich wünsche meinem alten Freund Boisy, seiner Frau und den zahlreichen Leserinnen und Lesern dieses wunderbaren Buches alles Gute und eine schöne Zeit hier auf diesem Planeten.

Und denkt daran, wir haben nur diesen einen!
Geht behutsam mit ihm um.

Mit herzlichen Grüßen aus den tiefen, feuchten Sümpfen des Weserdeltas.

Jo Rednas

Inhalt

DIE FRÜHEN JAHRE
von
Jo Rednas

(damaliger Manager der Band Raam)

„Wir wollten möglichst schnell reich und berühmt werden."

(O-Ton Boisy Beefeater im Jahre 1977)

(Foto: BPA)

1974 gründete B.B. mit einigen Freunden die Krautrockcombo Raam, die nach ein paar erfolgreichen Jahren und Platten ein jähes, tragisches Ende nahm.

Die Band nahm zwei Studioalben auf. Und es gibt eine Live-Scheibe, aufgenommen auf dem Umsonst und Draußen Festival 1978 in Vlotho. Das dritte Studioalbum war gerade in Arbeit, dann kam dieses abrupte Ende der Band, wirklich sehr schade.

Diese drei Scheiben sind absolute Raritäten und unter Krautrockfans begehrte Sammlerobjekte, da sie nie wieder nachgepresst wurden. Die Masterbänder wurden nämlich bei einem Studioeinbruch 1985 gestohlen. Sie sind seitdem spurlos verschwunden und gelten als verschollen. Keiner weiß wo sie sind ...

Danach versuchte B.B. eine Solokarriere als Pop(p)-Sänger zu starten, die aber nur kurz andauerte. Unter dem (Künstler)Namen *Bo Bergland* nahm er in den bekannten Extertal-Tonstudios eine in Deutsch und Englisch gesungene Single auf, mit der A-Seite: „Rinteln liegt nicht am Mississippi", B-Seite: „Cowbell Boogie".

Sie wurde ein totaler Flop, schon kurze Zeit später konnte man sie für 50 Pfennig auf den Krabbeltischen bei Woolworth und bei Radio-Eckel in der Klosterstraße erwerben.

Im Frühjahr 1981 zog er dann aus musikalischen und persönlichen Gründen nach Hannover.

Hier nun die Platten von Raam:

Raam Cannabia (1976)
Isabels Ritt auf der Morgenlatte (1978)
mit der Singleauskopplung
A-Seite: Morgenlattenblues
B-Seite: Raamadaan (Instrumental)
und das
Doppelalbum Absolut Live 1978 (1980).

alle erschienen
bei ImmaLustich Musikverlag (ILMV) Hodenhagen.

Auszug aus einem Interview mit der
Musikzeitschrift MDL aus dem Jahre 2009:

Titel des Interview: Trauma Raam und kein Ende?

Boisy: „Wir wollten damals möglichst schnell reich und berühmt werden, dann dieses schlimme Ende. Ich habe mich nie davon erholt. Dieses schreckliche Ereignis haftet an mir, ich werd es nicht mehr los. Man kann sagen, seit diesem Tage im September 1979 bin ich traumatisiert."

Jo: „Ja, das ist schade, das tut mir sehr leid. Vielleicht klappt es ja im nächsten Leben. Ich drücke jetzt schon mal die Daumen!"

Boisy: „Ja, vielen Dank, könnte sein, schau'n wir mal!"

TRETBOOT-KOLLISION AUF DEM DOKTORSEE: 3 PERSONEN SIND ERTRUNKEN

Von Ana Popowisch

RTB/Rinteln. Bei einem Tretbootausflug der bekannten schaumburgischen Krautrockcombo „Raam" kam es zu einem tragischen Unfall.

Auf offener See stießen sie aus noch unerklärten Gründen mit einem anderen Tretboot frontal zusammen.

Das Boot ging in Sekundenschnelle unter. Mit an Bord war neben der vierköpfigen Band auch ihr Manager Jo Rednas. Drei Mitglieder der Band sind dem Sog des sinkenden Boots zum Opfer gefallen.

Eine Obduktion hat ergeben, dass sie bis über beide Ohren mit diversen Betäubungsmitteln abgefüllt waren. Augenzeugenberichten zufolge fielen sie ins Wasser und gingen sofort unter.

Die anderen beiden Bootsinsassen, der Schlagzeuger und der Manager der Band, konnten mit dem herbeieilenden Seenotrettungskreuzer „Gertrud" aufgelesen und in Sicherheit gebracht werden.

Der tragische Unfall löste unter den zahlreichen Krautrockfans in der Region tiefe Betroffenheit aus.

Die beliebte Band arbeitete gerade an ihrem dritten Studioalbum und stand kurz vor ihrem internationalen Durchbruch wie der Manager unter Tränen angab.

Der P5 steht vor der Tür
oder das plötzliche Ende eines
gemütlichen Pizzaessens
(1976)

Daytime Is Not My Time
But my Time Is the Right Time

Auszug aus dem Song „Daytime" vom JANE-Album
TOGETHER 1972

Es war an einem schönen Sommertag im August.

Genauer gesagt, es war Donnerstag, der 12. August 1976.
So gegen 14 Uhr.

Barnie hatte sich mit seinen Freunden Josh und Fridell verabredet. Alles war soweit vorbereitet. Der Kuchen war gebacken und die notwendigen LPs für eine ordentliche Beschallung standen griffbereit unter dem Plattenspieler. Nur der Tee musste noch aufgegossen werden.
Es klingelte an der Tür. Barnie öffnete seinen beiden Freunden und die drei gingen hoch in Barnies Zimmer. Hier war es angenehm kühl. Das Fenster stand auf Kipp und die dunkelroten Vorhänge waren schon den ganzen Tag zugezogen. Die Sonne schien gedämmt hindurch und tauchte das Zimmer in ein warmes rotes Licht.
Die drei hatten erst überlegt sich in den großen Garten zu setzen, aber es war zu warm und zu hell. Außerdem standen sie dann unter Beobachtung der neugierigen Nachbarn des Reihenhauses und konnten womöglich nicht ungestört verbotene Substanzen zu sich nehmen. Barnie hatte die Wohnung für sich. Seine Eltern waren für einige Tage zum Gardasee nach (Gen)Italien verreist.
Er hatte bereits einen Tag zuvor einen Kekskuchen, einen Kalten Hund gebastelt. In den sogenannten Hausfrauenkuchenbackfachkreisen wird er auch Kalte Schnauze genannt, weil die Oberfläche an die feuchte Schnauze eines Hundes erinnert. Der Kuchen besteht im Wesentlichen aus einer Kakaocreme und den guten Bahlsen Leibniz-Butterkeksen. Er wird in einer Kastenform aufgeschichtet, also eine Schicht Kekse, eine Schicht Kakaocreme, eine Schicht Kekse, eine Schicht Kakaocreme ...
Die Zutaten werden zuvor vorsichtig in erhitztem Palmin Kokosfett eingerührt. Allerdings hat Barnie den Teig noch mit Shit veredelt: Er hatte eine Ecke frischgemahlenen

Grünen Türken unter den Teig gehoben. Bei seinen Mischungen musste man allerdings vorsichtig sein. Er übertrieb es manchmal. Unter Umständen war die Wirkung so stark, dass es einem später die Schuhe auszog.

Nach dem Aufschichten kommt die gefüllte Kastenform für einige Stunden in den Kühlschrank. Anschließend kann man ihn servieren und genießen.

Während der Kalte Hund noch kälter wurde, setzten die drei sich in Barnies Zimmer auf den Teppich. Den großen Tisch hatte man in die Ecke gerückt. Es wurde Tee getrunken und eine Tüte mit Rotem Libanesen machte die Runde. Die Musik lief, aus den Boxen drang das Stück „The Work Is Done", von der ersten Seite der Birth Control Live-LP. Sie sprachen über das B.C. Konzert in Lage bei Detmold, das in einer bestuhlten Aula stattgefunden hatte.. Ein richtig geiles Konzert. Nossi, der Schlagzeuger, war mit einer Bassdrum zwischen den Beinen über die Bühne gerobbt. Die Leute waren gut drauf gewesen und hatten auf den Stühlen gestanden. Die Ordnungskräfte der Freiwilligen Feuerwehr Lage hatten reichlich zu tun gehabt, sie wieder herunterzuholen.

Der Joint war bald aufgeraucht. Fridell drückte ihn in einem schwarzen Aschenbecher, der die Form einer aufgehaltenen Hand hatte, aus. Josh, der gerne eine Knarre bei sich trug, stellte mit breitem Grinsen seine neueste Errungenschaft vor, eine Walther PPK - Kaliber 6,35mm, wobei PPK für Polizei-Pistole-Kriminal stand - und fuchtelte damit herum. Man konnte sagen, er war ein Waffennarr. Somit war er natürlich auch Mitglied im Schützenverein Rinteln. Wenn er allerdings stoned war, musste man echt aufpassen. Er war dann unberechenbar. Fridell fand Joshs Verhalten nicht witzig, ihn nervte das. Josh grinste sich einen und steckte die Knarre wieder weg.

Barnie wechselte die Platte und legte die dritte Seite auf mit Gamma Ray, in der genialen zwanzigminütigen Live-Version. Dann ging er runter in die Küche, setzte einen Tee auf und steckte sich eine Roth-Händle an. Während der Tee zog, schnitt er den Kalten Hund mit einem Brotmesser in mehrere dicke Scheiben und zog an seiner Zigarette. Etwas Asche fiel auf den Kuchen, er pustete sie vorsichtig weg. Anschließend stellte er die Sachen auf ein Tablett und ging wieder nach oben.

Josh und Fridell zeigten sich erfreut über die süße Überraschung, aber da wussten sie ja noch nicht, was da drin noch so enthalten war. Barnie sagte nichts und alle drei nahmen ein Stück.

Fridell hatte auch was Leckeres zum Rauchen dabei. Er bat um die Pfeife von Barnie, der ihm bereitwillig seine Maiskolbenpfeife reichte. Es fehlte zwar schon das Mundstück, aber das war egal. Die Pfeife hatte er von seinem älteren Bruder Ludger geschenkt bekommen. Er war vor einiger Zeit nach Berlin gezogen. Barnie wohnte jetzt in seinem ehemaligen Zimmer, das größer war als sein altes.

Fridell holte also aus seiner Jackentasche einen Beutel feinstes Kongogras hervor. Er hatte es von seinem letzten Amsterdam-Trip aus einem Coffee-Shop mitgebracht und es in ein Paar getragenen Socken über die Grenze geschmuggelt. Die hatte er in der Innenseite eines dicken Schlafsackes unten am Fußende eingenäht.

Inzwischen hatte Barnie die vierte Seite mit „She´s Got Nothing On You" und „Long Tall Sally" aufgelegt.

Fridell zeigte ihm den Beutel mit dem Gras, er öffnete ihn und roch dran. Es roch phantastisch - und nicht nach Schweißfüßen! Dann machte er die Pfeife klar, zündete sie an und ließ sie kreisen. Dicke Wolken stiegen auf. Das Zeug haute mächtig rein.

Barnie wechselte die Platte. Es gab jetzt die passende Musik zum Abheben. Musik von den Kosmischen Kurieren, von Ash Ra Tempel, die erste LP-Seite mit „Space". Ab und zu knallte es, es waren aber nur die getrockneten Grassamen, die sich in der Mischung verirrt hatten und explodierten. Die drei, schon ziemlich stoned vom Gras, hoben mit den Kosmischen Kurieren und deren Musik in die unendlichen Weiten des Weltraums ab.

Inzwischen war die Pfeife durch, die Luft im (Welt)Raum grasgeschwängert. Sie spürten ihre Körper nicht mehr und wurden eins mit der Musik. Es folgte die zweite LP-Seite mit dem Stück „Time".

Barnie schwebte unterdessen in die Küche und brachte Gläser und eine Flasche „Portugieser Schweiß" bzw. Weißherbst mit. Als kleine Erfrischung für den heißen Hals und für den Körper, den sie allerdings nicht mehr spürten.

Die Platte war inzwischen (schon wieder) zu Ende. Barnie legte jetzt die Kraan Live-LP auf mit „Nam Nam" und „Holiday am Marterhorn". Was zum Abrocken. Er drehte die Musik lauter.

Einige Zeit später knallte es. Diesmal war es jedoch nicht die Pfeife, die war ja schon lange durch. War es vielleicht der Urknall gewesen? Sie schauten sich erstaunt um. Josh spielte mit seinem „Walther" herum - gemeint ist natürlich die Knarre! Es hatte sich wohl ein Schuss gelöst. Aber wohin war der gegangen? In den Kopf auf jeden Fall nicht. Der war noch dran. In den nicht vorhandenen Körper klarerweise auch nicht. Vielleicht in die unendlichen Weiten des Weltraums? Vielleicht sogar mitten in ein Schwarzes Loch? Keiner wusste es so genau. Josh, inzwischen noch breiter, hatte nichts gemerkt. Er tastete sich vorsichtig ab, spürte aber nichts. Wie in Zeitlupe zog er daraufhin sein linkes Hosenbein hoch, ganz langsam. Dort zeigte er auf eine Stelle. Sie schauten. Ja, da war ein kleiner runder Fleck zu sehen. Das musste das Einschussloch sein. Der Schuss ging in die untere Wade. Die Kugel steckte noch drinnen. Es war also kein Durchschuss. Nein, es war nur ein Steckschuss! Aber Josh war davon ziemlich unbeeindruckt. Es war nicht das erste Mal, dass ihm so was passierte. Ein anderes Mal hatte er sich schon mit einer Luftpistole in die Hand geschossen.

Die Musik war noch lauter geworden. Aus den Boxen drang das Stück „Nantucket Sleigh Ride" von der DO-LP Mountain Live, mit Leslie West an der Gitarre. Ein Stück, das sich über zwei LP-Seiten erstreckte.

Fridell und Barnie waren froh, dass er seine 44er Magnum im Auto gelassen hatte! Josh schlug vor, auf den Schreck noch einen zu rauchen. Fridell nickte und machte die Pfeife mit dem guten und wundersamen Kongogras klar.

Barnie schwebte in der Zwischenzeit die Treppen hinunter direkt in den Weinkeller seiner Eltern. Er schaute sich um und entschied sich für eine Flasche Oppenheimer Krötenbrunnen. Wieder oben im Zimmer angekommen, wechselte er die Platte. Er legte eine seiner Lieblingsscheiben: eine Do-LP von Guru Guru mit dem „Elektrolurch".

Die Pfeife wurde entzündet und nach einigen Minuten fing der Lurch an zu sprechen:

Gestatten Sie, hier spricht der Elektrolurch.

Ich befinde mich in der Lüsterklemme neben dem Hauptzähler. Ich sorge für Euren Saft!

Volt, Watt, Ampere, Ohm, ohne mich gibt's keinen Strom!

Die Pfeife war am kreisen. Es folgte bald die Stelle mit:

Was war für dich ein besonders wichtiges Ereignis?

Der erste Bohnenkaffee nach dem Krieg!

Dann folgte eine sehr wichtige, entscheidende Frage, ja vielleicht die Frage aller Fragen:

Was macht ihr eigentlich, wenn ihr einmal älter seid?

Über diese Frage machten sich die drei allerdings an diesem Donnerstagspätnachmittag wirklich keine Gedanken.
Trotzdem war die Frage nicht unberechtigt. Für Mani Neumeier, den Schlagzeuger, inzwischen 79 Jahre alt, war die Antwort auf die Frage schon damals klar: *Musik natürlich!*
Es war jetzt kurz nach 17Uhr und Ihre kleine Drei-Mann-Party war mächtig am Kochen - beziehungsweise eher Dampfen. Fridell bekam Appetit auf eine weitere Scheibe Kalten Hund. Eine gute Idee, fand Barnie. Die drei nahmen sich noch ein Stück. Die andere Hälfte des Kuchens brachte Barnie zurück in die Küche. Er hatte vor, sie als Wegzehrung für morgen aufheben. Sie wollten zum Jane-Konzert nach Hannover fahren.
Einige Zeit später - inzwischen lief „Oxymoron" - schlug Fridell vor, noch einen Ausflug zu machen. Man könnte später nach BuckBuck - Bückeburg - fahren und dort eine Pizza essen. Er hatte vom vielen Rauchen wohl Heißhunger bekommen.
Die Platte war zu Ende - leider. Barnie legte jetzt die Liveversion von „Strange Kind of Woman" von Deep Purple´s „Made in Japan" auf den Plattenteller. Gleich darauf schwebte er zum Fenster und machte es ganz auf. Die Luft war vom Dope geschwängert und zum Schneiden, aber ein Luftaustausch wollte nicht stattfinden, da es draußen zu warm war.
Barnie verließ das Zimmer mit den Worten: „Geh mal kurz auf den Dachboden. Bin gleich wieder da!" Gegenüber vom

seinem Zimmer führte eine steile Holztreppe zum Dachboden hinauf. Dort angekommen machte er den Kleiderschrank auf und holte eine Uniform raus. Es war die seines älteren Bruders Ralf, der sich für vier Jahre als Zeitsoldat bei der Bundeswehr verpflichtet hatte. Die Zeit war bereits um, daher hatte er seine gesamten Bundeswehrklamotten hier im Schrank gebunkert. Es handelte sich um eine dunkelblaue Offiziersuniform, Grad Leutnant, vom Luftwaffengeschwader Boelcke aus Fürstenfeldbruck. Barnie zog sich die Hose und die Jacke an.

Dann kam er auf die spontane Idee, eine Runde mit der Märklin-Autorennbahn zu spielen, die hier auf einer großen, rechteckigen Platte auf zwei Holzböcken aufgebaut war. Kurze Zeit später - er hatte schon einige Runden hinter sich - kam Fridell die Treppe hoch und schaute ‚was los ist.

Die Tür vom Zimmer unten stand jetzt auf. „Space Truckin" schlängelte sich laut zu ihnen nach oben und bohrte sich in ihre Gehörgänge. Die beiden fuhren erstmal einen aus, aber Barnie hatte keine Chance gegen Fridell. Er hatte es einfach besser im Griff mit der Bedienung. Nach etlichen Niederlagen wollte Barnie nicht mehr. Die beiden gingen wieder hinunter ins Zimmer.

Josh hatte inzwischen den ganzen Krötenbrunnen ausgetrunken. Es war kurz nach 20 Uhr. Er war vollbreit.

Fridell fragte Barnie breit grinsend, was denn außer Schokolade noch im Kuchen war. Er erzählte den beiden von einer türkischen Gewürzmischung, mit der er den Teig veredelt hatte. Jetzt wussten sie Bescheid, was los war - und die drei lachten sich kaputt!

Die Wirkung des Kuchens hatte inzwischen die vollen Ausmaße erreicht. Alle drei befanden sich in eine Art Schwebezustand, hatten kein Zeit- und Raumgefühl mehr. Sie hatten voll die Kuppel auf, spürten ihre Körper nicht mehr. Sie fühlten sich wie Astronauten, die gerade ihren ersten Mondspaziergang machten.

Auch die Musik war jetzt spacig. Barnie hatte die neue LP von Steve Hillage aufgelegt. Fridell bekam derweil immer größeren Heißhunger auf Pizza. Er drängelte und wollte bald starten.

Erst jetzt bemerkte er, dass Barnie eine Uniform trug, und wunderte sich. „Was ist das denn?! Damit willst Du los?", fragte er. Barnie nickte. „Wir sind vom Raumgeschwader Boelcke und starten gleich in geheimer Mission. Wir werden zum Planeten BuckBuck reisen und dort in der Raumkantine Destille eine Pizza zu uns nehmen. Und du Fridell, bist unser Raumkommandant", antwortete Barnie. Sie kriegten sich nicht mehr ein, bekamen einen Lachanfall nach dem anderen. Auch Joe war dauernd am Kichern. Er saß noch auf dem Teppich, die beiden mussten ihm erst mal auf die Beine helfen. Und das war vor lauter Lachen gar nicht so einfach! Die drei machten sich abflugbereit, schwebten die Treppe hinunter zur Haustür, verließen das Gebäude und gingen zum Raumshuttle.

Da Josh mit seinem Renault R4 wegen seiner Beinverletzung nicht fahren konnte, nahmen sie also den Shuttle von Fridell. Zuerst stieg Barnie ein, ohne Strümpfe, als Schuhwerk trug er nur ein paar alte Schlappen - bekannt unter dem Fachbegriff „Jesuslatschen". Außer der Uniform trug er ein mit Sonnenblumen bedrucktes weises Stirnband und eine runde Sonnenbrille mit Spiegelgläsern. Dann folgte humpelnd der angeschlagene Josh, er saß mit vorne als Co-Pilot. Zuletzt stieg Fridell, der Kommandant der Mission, ein. Einige Nachbarn vom Haus gegenüber verfolgten gespannt das Schauspiel. Sie sagten kein Wort, sondern schüttelten nur mit den Köpfen. Die Reise konnte beginnen. Um zum Planeten BuckBuck zu gelangen, mussten sie nur wenige Stationen überwinden.

Also von der Raumstation Rinteln los, über den Sternenberch, vorbei an den beiden kleinen Planeten

Todenmann und Kleinenbremen, und schon waren sie da - eigentlich nicht so weit.

Fridell ließ den Motor an und legte eine Kassette mit Musik von Genesis ein, Stücke von der LP „The Lamb Lies down On Broadway". Er hatte eine gute Anlage im Shuttle installiert Sie bestand aus vier Boxen, zwei waren vorne jeweils in den Türen eingebaut und zwei befanden sich im hintern Bereich auf der Ablage. Der Sound war intensiv, laut und knackig, einfach brillant - ging durch den ganzen Körper.

Man verließ die Raumstation ohne Probleme, bald schon machte der Kommandant jedoch spontan einen kleinen Abstecher zum nahen Sternenwald. Ein schmaler Weg endete an einem Sternenschaukelplatz. Josh und Barnie waren etwas verwundert. Wie, eine Runde schaukeln oder was? Nein, Friedel wollte noch einen dampfen. Er bat um die Pfeife und baute noch einen mit dem wunderbaren Gras. Die drei saßen im Shuttle, die Seitenfenster waren herunter- gekurbelt. Sie rauchten und lauschten den Klängen von „The Carpet Crawlers".

Von hier oben hatten sie einen wunderschönen Ausblick auf die Raumstation Rinteln und das weite Wesersternental. Hinten rechts konnten sie auch den großen, funkelnden Doktorseestern erkennen.

Die Pfeife ging viel zu schnell zu Ende. Fridell klopfte sie am Türrahmen aus. Inzwischen liefen die abgefahrenen Klänge von „Here comes the Supernatural Anaesthetist".

Der Kommandant ließ den Motor an. Die Reise durch den Raum konnte weitergehen. Er drehte den Shuttle und es ging den schmalen, holprigen Sternenwaldweg zurück Richtung Hauptflugbahn.

Barnie kam plötzlich auf die verrückte Idee, auszusteigen, um einige Meter oben auf dem Shuttle mitzufahren - gesagt, getan. Er musste sich aber gut festhalten. Fast wäre er runtergefallen und womöglich für immer in den unendlichen Weiten des Universums verschwunden. Sonst fand Barnie diesen Ritt sehr lustig. Er war aber auch froh, dass Fridell anhielt und er wieder einsteigen konnte.

Sie kamen auf die Hauptflugbahn und es ging zum Planeten Todenmann.

Inzwischen lief Musik von Yes, „The Gates Of Delirium" vom 1974er-RELAYER-Album. Die drei reisten also durch das Universum und lauschten intensiv den Klängen, die sie förmlich aufsaugten, ja, mit Ihnen verschmolzen und eine Einheit wurden.

Sie hatten den kleinen Planeten gerade hinter sich gelassen, als aus den Weiten des Universums plötzlich von rechts ein unbekanntes braunes Flugobjekt ihre Flugbahn kreuzte. Fridell stieg noch in die Bremsen, aber da war es schon passiert: Das Objekt kollidierte frontal und mit einem gewaltigen Krachen und Beben mit dem Shuttle. Sie erschraken. Fridell steuerte sofort rechts ran und schaltete die Warnblinkanlage an. Die drei guckten sich erstaunt an und fragten sich: Was war das denn?! Aber keiner sagte etwas. Die Wirklichkeit hatte sie kollisionsartig eingeholt! Es war gegen 21 Uhr 30 und die Dunkelheit setzte ein.

Fridell holte die Taschenlampe aus dem Handschuhfach und machte den Vorschlag, nachzuschauen, wo dieses Flugobjekt abgeblieben war. Er und Barnie machten sich auf den Weg. Es herrschte kein Verkehr, sie waren also unbeobachtet. Auf der anderen Straßenseite im Graben fanden sie es schließlich, es handelte sich um ein noch nicht ausgewachsenes Reh. Fridell schaute nach, es lebte nicht mehr.

Sie kamen auf die bekiffte Idee es kurzerhand mitzunehmen. Die beiden zogen es zum Auto und warfen es in den Kofferraum. Fridell wollte es auf dem Rückweg bei seinem Onkel Georg in Exten vorbeibringen. Er ist Oberforstwart im Rintelner Stadtwald und kennt sich mit Wildtieren aus. Und seine Frau Gaby war außerdem Köchin in einem kleinen Lokal, „Zum Letzten Halali", für einheimische Spezialitäten in

Krankenhagen. Fridell sagte weiter, wenn alles klar ginge, würden sie die drei Kosmonauten bestimmt am Sonntag zum Rehrückenessen einladen.

Barnie und Josh guckten ihn erstaunt aus ihren glasigen roten Augen an. Sie wussten nicht so recht, was sie davon halten sollten. Meinte er das ernst oder wollte er sie verarschen? War wohl doch etwas zu viel im Kalten Hund oder wie?

Im Anschluss begutachtete Fridell die Vorderfront seines Fahrzeuges. Kühler und Stoßstange waren etwas ramponiert, das Fernlicht ging nicht mehr und der Blinker auf der linken Seite war defekt. Aber egal, die drei stiegen wieder ein - Hauptsache, es fuhr noch. Fridell startete den Motor und die Fahrt ging weiter. Die Kassette war inzwischen zu Ende, Fridell drehte sie um und es gab noch mal Genesis. Das war seine Lieblingskassette.

Schon bald kam die Autobahnunterführung, dann auf der linken Seite das ehemalige Bergwerk. Man hatte den Berch jetzt hinter sich gelassen, es folgte die kleine Ortschaft Kleinenbremen, vorbei an der Gaststätte „Zur schönen Aussicht", dann an der Kreuzung rechts ab nach Bückeburg. Sie waren fast angekommen, nur noch wenige Minuten trennten sie von ihrem Ziel.

Die drei hatten Glück, direkt vor dem Lokal wurde gerade ein Parkplatz frei. Die Destille war ein beliebter Treffpunkt für Studenten und Schüler aus der Gegend. Die Pizza dort war schließlich günstig und lecker. Sie stiegen aus. Barnie ging vor, hinter ihm Fridell und zum Schluss humpelte Josh mit seiner Kugel im Bein hinterher. Barnie machte die Tür zum Lokal auf und sie traten ein.

Gegen 22 Uhr 30 war der Laden gerappelt voll. Völlig abgedichtet und noch etwas mitgenommen von der Kollision schwebten die drei Richtung Theke. Sie schauten sich um, alle Tische waren besetzt.

Unerklärlicherweise fielen die drei auf und wurden mit merkwürdigen Blicken von den anwesenden Gästen beäugt, als kämen sie von einem anderen Planeten - aber damit hatten sie ja nicht unrecht.

Mit Sicherheit befanden sich neben Studenten und Schülern auch Bundeswehrsoldaten unter den Gästen, die im Nachbarort Achum stationiert waren. Sie tranken hier abends gerne mal ein Bierchen oder auch mehrere - wo sollten sie auch sonst hingehen?

Die drei blieben an der Theke und bestellten sich etwas zu Trinken: Fridell eine erfrischende Afri-Cola mit Eis und Zitrone, Barnie und Josh große Biere. Das gute Sommerbock aus der Klosterbrauerei Moellenbeck. Ein Starkbier, das so richtig in die Mütze geht!

Barnie wurde kurz darauf von zwei neben ihm stehenden Gästen angesprochen. „Wo kommt ihr denn her? und was soll der Aufzug?". Er erzählte ihnen, dass sie vom *Kommando Bambi* sind und in einer geheimen Mission unterwegs seien. Sie wären auf der Durchreise und hätten ihren Hubschrauber P5 vor der Tür geparkt. Sie wollten nur kurz was essen und dann ihre Reise nach Beusistaan fortsetzen.

Der eine Gast fragte ihn verstört: „Ja, wo liegt denn dieses Beusistaan und was ist ein *Kommando Bambi*?". Barnie erwiderte streng: „Das kann ich nicht sagen, das ist streng geheim. Die Operation nennt sich „*Rehrücken*" und wurde bereits erfolgreich abgesch(l)ossen. Der Co-Pilot ist noch mal mit einer Kugel im Bein davongekommen". Die beiden Gäste guckten ihn ungläubig an. Sie nippten an ihren Gläsern. Keiner sagte was.

Endlich wurde ein kleiner Tisch frei. Wurde auch Zeit. Josh bekam schon Schwierigkeiten mit dem Stehen. Barnie und Fridell gingen, Josh humpelte zu dem Tisch hinüber, wo sie sich endlich hinsetzen konnten. Schon bald kam eine nette, junge Bedienung und nahm ihre Bestellungen auf.

Im Hintergrund lief über die Boxen der Hausanlage Roxy Music, „For Your Pleasure". Das passte ja!

Es dauerte nicht lange und sie hatten ihre Pizza auf den Tisch. Fridell wie immer Pizza Margherita. Josh Pizza mit Salami, Schinken und Peperoni und Barnie Pizza Thunfisch mit extra viel Knoblauch. Die drei ließen sich die Pizza schmecken.

Plötzlich ging die Tür auf und Uniformierte kamen in das Lokal gestürmt: zwei Feldjäger der Bundeswehr, gefolgt von vier Streifenpolizisten. Zwei der Beamten traten direkt zum Tisch von Fridell, Josh und Barnie, die anderen verteilten sich im Laden und forderten die Gäste auf, das Lokal wegen einer Bombendrohung unverzüglich zu verlassen. Die drei ließen sich von dem ganzen Tohuwabohu um sie herum nicht stören und genossen in Ruhe ihre wohlschmeckende Pizza.

Die beiden an ihrem Tisch stehenden Polizisten beachteten die Essenden nicht weiter. Einer der beiden fragte genervt nach ihren Ausweisen, worauf Barnie seine Sonnenbrille absetzte und eine Gegenfrage stellte. „Was soll dieses ganze Spektakel denn hier?! Sie stehen hier vor einem Offizier der Luftwaffe! Zeigen *Sie* mir erst mal *Ihren* Ausweis! Und nehmen Sie gefälligst Haltung an, wenn ich mit Ihnen rede!" Dann schaute er wieder auf seine Pizza, aß genussvoll weiter und blendete seinen Gesprächspartner aus. Die beiden Polizeibeamten wussten vor Überraschung nichts zu sagen.

Im Hintergrund lief immer noch Roxy Music: „Do The Strand".

Die übrigen Gäste hatten inzwischen zusammen mit den Feldjägern das Lokal verlassen, die drei waren mit den beiden Polizisten allein. Keiner sagte ein Wort. Die Tür ging wieder auf und zwei Beamte in Zivil kamen zu ihnen an den Tisch, um das weitere Vorgehen zu übernehmen. Die

Polizisten rückten ab und die Zivilbeamten zeigten ihre Ausweise: Kripobeamte von LKA Hannover. Die drei wurden ein weiteres aufgefordert, ihre Ausweise zu zeigen.

Fridell fragte: „Was soll das Ganze denn überhaupt? Hat das was mit dem Reh zu tun? Außerdem würde ich gerne meine Pizza weiteressen." Die Kripobeamten runzelten irritiert die Stirn und wiederholten ihre Aufforderung. Fridell zeigte seinen Führerschein und den Kraftfahrzeugschein von seinem Auto. Barnie und Josh kramten in ihren Taschen herum, konnten sich aber nicht ausweisen.

Fridell fragte nochmals nach, was los sei. Einer der beiden Kripobeamten sagte daraufhin: „Sie stehen im dringenden Verdacht, Mitglieder einer terroristischen Vereinigung zu sein, die Anschläge auf Bundeswehreinrichtungen plant, um so an Waffen und Munition zu kommen." Barnie bekam daraufhin einen Lachanfall und wäre fast vom Stuhl gerutscht.

Die Beamten fanden das hingegen gar nicht lustig. „Stehen sie auf und machen Sie einen Schritt nach vorne. Sämtliche Gegenstände aus ihren Taschen legen Sie vor sich auf den Boden."

Fridell musste seinen Führerschein und Autoschlüssel zwecks Überprüfung des Fahrzeuges bei einem der beiden Kripobeamten abgeben.

Er hatte ansonsten nichts dabei, außer einer alten Ausgabe der „Bäckerblume". Er machte so gern das Preisausschreiben. Seine Mutter hat dadurch schon mal eine ganztägige Busfahrt zum Christkindlmarkt nach Nürnberg gewonnen.

Als Josh aus seiner Jackeninnentasche die Walther holte, drohte die Situation schlagartig zu eskalieren. Ein Kripobeamter zog blitzschnell seine Dienstwaffe und zielte auf Josh. Er sagte laut und energisch: „Keine Mätzchen, ganz ruhig bleiben, und langsam die Waffe auf den Boden legen!" Vor Schreck aber ließ Josh die Waffe fallen. Sie knallte auf den Boden und ein Schuss löste sich. Der aber, Rock sei Dank, ins Leere ging.

In diesem Moment stürmte ein Sondereinsatzkommando der Polizei den Laden. Ein massives Vorgehen des SEK konnte durch das besonnene Verhalten der beiden Kripobeamten gerade noch verhindert werden. Die Lage entspannte sich. Das SEK zog wieder ab nach Draußen und blieb in Bereitschaft.

Die drei hatten keine Personalausweise dabei - Barnies Lichtbild-Ausweis vom Deutschen Berufstrinker Verband (DBV) wurde nicht anerkannt, im Gegenteil, sie fühlten sich verarscht. Somit wurden sie aufgefordert mitzukommen, um ihre Identität zu klären. Wegen möglicher Fluchtgefahr wurden ihnen aus „Sicherheitsgründen" Handschellen angelegt. Sie wurden einzeln aus dem Lokal abgeführt und in einem VW-Bully zum örtlichen Polizeirevier in Bückeburg gebracht.

Die draußen vor dem Lokal wartenden, verstörten Gäste konnten den Laden wieder betreten und ihren Abend fortsetzen.

Auf dem Polizeirevier wurden die drei von der Sonderkommission Terrorabwehr intensiv verhört. Fridell musste sich auch einem Alkoholtest unterziehen. Er hatte aber nur 0,49 Promille im Blut, da er nur geringe Mengen Alkohol getrunken hatte. Was er sonst noch im Körper hatte, wurde natürlich nicht getestet. Solche Kontrollen gab es damals noch nicht. Der „dringende Verdacht", Mitglieder einer terroristischen Vereinigung zu sein, konnte nicht lange aufrechterhalten werden und löste sich schon bald in Luft auf. Sie waren aufgrund von Ähnlichkeit mit gesuchten Terroristen verwechselt worden. Die SOKO entschuldigte sich bei ihnen für das Miss(t)verständnis. Tja, nicht jeder Langhaarige ist auch gleich ein Bombenleger!

Inzwischen war es weit nach Mitternacht.

Es war Freitag, der 13. August 1976.
Kein so gutes Datum für die drei.

Gegen Barnie und Josh wurden Strafanzeigen erhoben, wegen Verunglimpfung und unbefugten Tragens einer Staatsuniform der Bundeswehr bei Barnie, wegen unerlaubten Waffenbesitzes beziehungsweise Tragen einer Schusswaffe ohne Waffenschein bei Josh. Die Waffe wurde natürlich sichergestellt. Fridell hingegen bekam seine Sachen wieder ausgehändigt.

In der Zwischenzeit hatten Beamte sein Fahrzeug durchsucht. Sie konnten aber erstaunlicherweise nichts Außergewöhnliches feststellen. Darüber war Fridell einerseits erleichtert, aber auch verwundert. Den Beutel mit dem Kongogras hatte er sicher unter dem Beifahrersitz versteckt. Aber wo ist das Reh geblieben?

Alle drei durften in den frühen Morgenstunden - es wurde langsam hell - das Polizeirevier wieder verlassen. Sie gingen zu Fuß durch die Innenstadt zu Fridells Auto. Dort angekommen, machte Fridell zuerst den Kofferraum auf. und sie schauten erwartungsvoll hinein. Kein Reh, es war verschwunden! Sie wunderten sich und diskutierten laut darüber. Es gab unterschiedliche Meinungen. Wahrscheinlich war es gar nicht tot gewesen. Es hatte sich aus dem Kofferraum befreien schnell weglaufen können.

Oder: Vielleicht war es von Unbekannten entführt worden. Oder: Die Streifenpolizisten haben es mitgenommen und machten am Wochenende ein leckeres Wildessen. Oder: Das Ganze war womöglich gar nicht passiert!

Früh am Morgen, kurz nach 6 Uhr, stiegen die drei in das Auto und fuhren heimwärts Richtung Rinteln. Fridell machte den Kassettenrecorder an, aus den Boxen erklang „Wish You Were Here" von Pink Floyd. Barnie schlug vor, zum

Abschluss der Operation „Rehrücken" gemeinsam zu frühstücken. Fridell stimmte zu und gab an, dass man das bei ihm tun könnte.Er wohnte bei seinen Eltern, hatte aber im Obergeschoss eine eigene Wohnung für sich.

Schon bald waren sie in Rinteln und fuhren zum Bäcker am Marktplatz. Josh und Barnie blieben im Fahrzeug sitzen, während Fridell frische, noch warme Brötchen holte. Und was brachte er noch mit? Die neue Ausgabe der „Bäckerblume!"

So wurde noch ausgiebig mit begleitender Musik von Supertramp gefrühstückt. Es lief das 1974er-Album Crime of the Century. Als Nachtisch und zum Runterkommen wurde zudem schön ein Pfeifchen durchgezogen.

Kurze Zeit später, um zehn vor elf, trennten sich die drei. Sie wollten sich noch einen Augenblick hinlegen, um abends fit zu sein. Josh wollte noch in die Praxis eines Chirurgen, ein guter Freund seines Vaters, der keine großen Fragen stellen würde, wie das nun passiert war. Fridell bot an, ihn dorthin zu fahren.

Barnie verabschiedete sich und ging nach Hause in die Krönerstraße. Das war von der Hafenstraße aus ein Fußweg von fünf Minuten. Er wollte nur noch eins: ins Bett. Er legte eine Scheibe von Jane auf, das Album „Together", und zwar die Seite mit dem Stück „Daytime Is Not My Time". Dabei schlummerte er langsam weg.

Am Nachmittag kümmerte sich Fridell um sein Auto, brachte Kühler und Lichtanlage wieder in Ordnung.

Für abends hatten sich die drei fest verabredet. Sie wollten nach Hannover. Barnie hatte zum Geburtstag - am fünften August war er 18 geworden - eine Konzertkarte geschenkt bekommen. An diesem Abend spielte in der Niedersachsenhalle vor mehr als dreitausend Leuten die Krautrockband Jane.

Gegen Abend klingelte es Sturm bei Barnie an der Haustür. Er war fest eingeschlafen und konnte das Geräusch erst nicht richtig einordnen. Da hörte er ein Knacken, das sich in regelmäßigen Abständen wiederholte. Es war der Plattenspieler, dessen Tonarm in der Leerrille der Platte festhing. Sie lief zwar immer noch, war aber schon lange zu Ende. Er stand auf, nahm den Tonarm hoch und ging die Treppe hinunter, um die Tür aufzumachen. Vor ihm stand Fridell mit einer Sonnenbrille im Gesicht. Sie begrüßten sich, gingen in die Küche und tranken einen Tee.

Anschließend fuhren sie zu Josh, der ganz in der Nähe wohnte. Seine hübsche, langhaarige Freundin Marianne machte ihnen die Tür auf. Mit einen breiten Grinsen ließ sie die beiden ins Wohnzimmer. Die Luft roch nach schwerem schwarzen Afghan.

Josh hing vollbreit auf einem Sofa. Auf dem Tisch davor stand eine fast leere Flasche Jack Daniels. Er war nicht ansprechbar. Im Hintergrund lief Musik von Led Zeppelin. Barnie fragte Marianne, was los sei. Sie erzählte, dass ihr Freund nach dem kurzen operativen Eingriff am Bein starke Schmerzen bekommen habe und sich Linderung verschaffen musste. Er hatte einige Schmerztabletten mit Jack Daniels runtergespült.

Es hatte keinen Sinn ihn mitzunehmen. Die beiden verabschiedeten sich von Marianne und gingen zurück zum Auto. Sie machten sich auf den Weg Richtung Steinbergen. Von da aus ging es weiter zur Autobahnauffahrt A2 Richtung Hannover.

Trotz Joshs Ausfall fuhren sie zu dritt: Als Ersatz für ihn fuhr der Kalte Hund mit, der vom Vortag übrig geblieben war. Sie waren jetzt auf der Autobahn und nahmen ein Stück davon.

Daraufhin schaltete Fridell das Autoradio an.
Und aus den Lautsprechern klang es dann:

Wir fahrn, fahrn, fahrn auf der Autobahn,
wir fahrn, fahrn, fahrn auf der Autobahn.
Vor uns liegt ein weites Tal,
die Sonne scheint mit Glitzerstrahl.

Bleibt noch zusagen:

Ein Hubschrauber P5 stand natürlich nicht vor der Tür zur Kneipe, sondern ein roter viertüriger Ford Taunus, Baujahr 1967, das Auto, mit dem sie hergekommen waren.

Einige Zeit später verkaufte Fridell sein Shuttle. Er gab eine Anzeige in der Schaumburger Zeitung auf und brauchte dazu nähere Angaben, wie die genaue Typenbezeichnung und alle weiteren Eckdaten, die er aus dem Kraftfahrzeugbrief entnahm.

Er staunte nicht schlecht, als in der Typenbezeichnung des Fahrzeugs tatsächlich ein „P5" auftauchte. Die genaue Bezeichnung lautete nämlich Ford Taunus 20 m TS P5.

Er musste an den verrückten Abend in der Destille denken. Woher hatte Barnie das gewusst? Das konnte er nicht erfahren haben. Den Kraftfahrzeugbrief hatte er nie gesehen. Ein Zufall?

Oder lag es an den bewusstseinserweiternden, inspirierenden Substanzen, die er an diesem Abend zu sich genommen hatte?

Fridell erzählte Barnie davon, der das total abgefahren fand. Es war halt ein vollspaciger Abend - fertig.

Das „m" in der Bezeichnung bedeutete übrigens „Meisterstück". 20 (2,0 l) und TS steht für den V-6 Motoren mit 90 PS. P5 steht für Projekt 5, das heißt die fünfte neue PKW-Konstruktion der Ford-Werke Köln seit Ende des Zweiten Weltkriegs.

Wer hätte das gedacht?

DER ELEKTROLURCH
(neumeier, genrich, schaab)

Erschienen auf der Guru Guru LP
„DER ELEKTROLURCH"
(1973 Brain Records)

Die Originalversion aus dem Jahre 1973
mit den vier (lebens)wichtigen Fragen:

Gestatten, hier spricht der ELEKTROLURCH.
Ich wohne in der Lüsterklemme
neben dem Hauptzähler.
Ich sorge für euren Saft.
Volt, Watt, Ampere, Ohm,
ohne mich gibt's keinen Strom.

Was bedeutet eigentlich der Name Guru Guru?

Der Name Guru Guru ist z.B. prähistorisch,
er soll, kann und zeigt aber nichts.

Wieso macht ihr eigentlich Musik?

Etwas Besseres als den Tod können wir allemal
finden.

Was war für Dich ein besonders wichtiges
Ereignis?

Der erste Bohnenkaffee nach dem Krieg.

Was macht ihr eigentlich, wenn Ihr
einmal älter seid?

... ja was wohl?!

Und hier eine spätere Version vom Elektrolurch:

Elektrolurch Mutation

Gestatten, hier spricht der ELEKTROLURCH.
Ich wohne in der Lüsterklemme
neben dem Hauptzähler.
Ich sorge für euren Saft.
Volt, Watt, Ampere, Ohm,
ohne mich gibt's keinen Strom.

Was bedeutet eigentlich der Name Guru Guru?

Täglich Fit, mit 2 Gramm Shit!

Wieso macht ihr eigentlich Musik?

Weil man dabei so schön ausflippen kann!

Was macht ihr eigentlich, wenn Ihr
einmal älter seid?*

... ...

*die letzte entscheidende Frage bitte selber beantworten
und hier niederschreiben!

DAS
SCHEESSEL DESASTER
(1977)

Ein
Augenzeugenbericht
und eine
Rekonstruktion
der damaligen
dramatischen Ereignisse
auf dem Eichenring in Scheeßel

Teil I. :

Das Desaster

Teil II. :

Die kleine Scheeßel-Festival-Historie

Teil III. :

Hurricane Festival

DAS DESASTER

Am Samstag und Sonntag, dem dritten und vierten September, fand in Scheeßel das FIRST-RIDER-OPEN-AIR Festival statt. „Rider präsentierte das heißeste Wochenende des Jahres", lautete die Vorankündigung. Das es heiß wurde, traf auf jeden Fall zu, aber es bekam eine völlig andere Bedeutung.

Angekündigt waren rund 23 Bands, unter anderem:

The Byrds, Iron Butterfly, Quicksilver Messenger Service, Nektar, Nite City (featuring Ray Manzanarek, ex The Doors), Franz K, Steppenwolf, Klaus Schulze, Eddie & The Hot Rods, The Damned, Fairport Convention, Rory Gallagher, Barclay James Harvest, The Sensational Alex Harvey Band. Als Special Event auf dem Eichenring wurde zudem „Laser Media", die größte Laser-Light-Show der Welt angekündigt.

Die Vorfreude

Barnie und einige Freunde von ihm hatten sich schon Wochen vorher Karten im Vorverkauf gesichert. Die Freude auf das Festival war natürlich groß. Sie waren schon gespannt auf die vielen tollen Bands, die da aufspielten sollten.
Einen Tag zuvor, am Freitag, hatte Barnie seine letzte mündliche Prüfung vor der Handwerkskammer in Hannover bestanden. Endlich geschafft! Nach dreieinhalb Jahren Ausbildung hatte er seinen Gesellenbrief in der Tasche.
Das wollte er auf dem Festival mit einigen Kumpels - und tausenden von Rockfans! - ausgiebig feiern. Er hatte für die Hinfahrt extra eine Flasche Persico" kaltgestellt, die er nur mit dem Namen „Perversico" bezeichnete:

ein klebriger dreißig-prozentiger Kirschlikör. War in den 1970er-Jahren eine Art Kultgetränk. Viele tranken ihn Pur oder als Mixgetränk „Red Beer" : ein Viertel Persico und drei Viertel Bier. Der Likör war damals auch für einige Zeit vom Markt genommen worden, da er angeblich Blausäure enthielt. Davon hatte Barnie aber nie etwas gemerkt!

Das große Ereignis

Endlich war es soweit. Am Morgen wurde Barnie von seinem Kumpel Jörg mit dem Kugelporsche, ein gold-metallic farbener VW-Käfer, abgeholt. Mit an Bord waren Hannes, seine Freundin Gabi und Peter, außerdem allerlei Gepäck sowie zwei Zelte, Luftmatratzen, Schlafsäcke und Decken. Das alles wurde vorne im Kofferraum verstaut. Jörg hatte dadurch Mühe ihn zuzukriegen. Der Rest der Ladung - diverse Konserven mit Ravioli, Brot, Dosenbier und Wein - wurde auf die Insassen verteilt. Jeder hatte also irgendwelches Zeug auf dem Schoß. So konnte nach einiger Zeit alles verstaut werden, die Fahrt konnte also beginnen. Sie hörten währenddessen Musikkassetten mit ihren Lieblingsbands, wie van der Graaf, Camel oder Alex Harvey Band. Barnie machte die Flasche „Perversico" auf, ließ sie kreisen und jeder nahm einen ordentlichen Schluck. Da man davon einen klebrigen Hals bekam, wurde tüchtig Dosenbier nachgekippt. Die Stimmung an Bord war ausgelassen. Peter, der mit vorne saß und somit den meisten Platz hatte, baute eine schöne dreiblättrige Tüte. Da sie kein Radio hörten, sondern nur ihre laute Rockmusik, bekamen sie nichts von den aktuellen Meldungen mit, die in den Nachrichten verbreitet wurden. Meldungen wie die, der Veranstalter könnte die Bands nicht bezahlen, viele Bands hätten im Vorfeld bereits abgesagt, einige waren auf dem Weg, machten aber kehrt und andere Schreckensnachrichten.
Es war vielleicht besser, dass sie nichts mitbekamen.

Während der weiteren Fahrt auf der Autobahn kam es zu einem Zwischenfall:

Auf einmal ging die Kofferraumhaube auf. Die Sicht auf die Fahrbahn war somit versperrt. Jörg aber blieb ganz ruhig, verringerte die Geschwindigkeit, fuhr rechts auf den Standstreifen der Autobahn und hielt an. Er machte die Warnblinkanlage an und stieg aus. Zusammen mit Peter, der einen starken Harndrang verspürte, schaute er nach. Rock sei Dank, es war noch alles da! Er schlug die Haube zu und schloss sie zur Sicherheit zusätzlich ab.

Gegen Mittag kamen sie ziemlich angebreitet in Scheeßel an. Sie stellten ihr Auto ab, brachten ihre Sachen zum Festivalgelände und suchten sich einen Platz, um das Lager aufzuschlagen. Die beiden Zelte wurden als Erstes aufgebaut. Es war jetzt früher Nachmittag, leichter Regen hatte eingesetzt, daher machten sie ihre Zelte dicht und erkundeten mit einem Dosenbier in der Hand das Gelände.

Es waren ungefähr fünfzehn bis zwanzigtausend Rockfans im Stadion. Am Nachmittag eröffneten Long Tall Ernie das Festival. Später spielten Van der Graaf Generator, Colosseum II und Camel. Die genaue Reihenfolge ist nicht mehr nachzuvollziehen. Die letzte Band, die am diesen Abend die Bühne rockte, war - so viel ist sicher - Golden Earring, die ein tolles Konzert hinlegten und mit der Nummer „Radar Love" den Abschluss bildeten. Danach sollte der Elektronik-Rocker Klaus Schulze spielen.

Gegen ein Uhr nachts ging Barnie und seine Kumpels völlig begeistert von dem Golden Earring-Konzert zu ihren Zelten zurück und b(e)reiteten sich auf das Klaus Schulze Konzert vor.

Sie hatten nach einiger Zeit einiges an Wein und eine Tüte verkostet, da hörten sie merkwürdige Geräusche. Sie konnten sie aber nicht einordnen und das irritiert sie, es klang wie Klirren oder das Zerspringen von Glas.

Hatten sie vielleicht Halluzis? Sie wurden neugierig. Fing das Konzert schon an oder was war da los?

Sie verließen das Zelt und schauten Richtung Bühne. Es war jedoch nicht viel zu erkennen, die Bühne lag seltsamerweise völlig im Dunkeln. Flaschen und andere Gegenstände flogen in diese Richtung und trafen auch, das war nicht zu überhören.

Sie gingen nach vorne, um zu gucken, was da los war. Allerdings mussten sie aufpassen, nicht von irgendwelchen Gegenständen getroffen zu werden. Zahlreiche aufgebrachte Rockfans pfiffen, schrien und beschwerten sich. Viele von ihnen warfen Flaschen und andere Wurfgeschosse auf die Bühne. Angeblich sollte noch jemand auf der Bühne gestanden haben und das Festival für beendet erklärt haben, das konnten Barnie und Co. aber weder bestätigen noch dementieren.

Hannes und Gabi gingen zurück zum Zelt, sie hatten Angst, von Gegenständen getroffen zu werden. Die anderen drei, Peter, Jörg und Barnie, gingen weiter vor zur Bühne.

Flammendes Inferno

Auf der unbeleuchteten Bühne konnten sie aus der Nähe schließlich Personen erkennen, die dort offenbar nichts verloren hatten. Musikinstrumente und Verstärkeranlagen flogen zum Teil von der Bühne. Reste der Beschallungsanlage (PA-Anlage) wurden auseinandergerissen und mitgenommen. Diverse Teile des Bühnen-Equipments wurden sowohl von den Rockern und einzelnen Personen „sichergestellt" und abtransportiert beziehungsweise als Pfand für nicht gezahlten Lohn einbehalten. Dann sahen die drei, wie Teile der Bühne anfingen, zu brennen. Auch die hinter der Bühne befindlichen Wohnwagen gingen in Flammen auf. Das Feuer breitete sich rasend schnell aus.

Das Gewaltpotenzial zahlreicher Fans war enorm und zum Teil lebensbedrohlich für die anderen. Ein in ungefähr 30 Metern Entfernung von der Bühne befindlicher, vier bis fünf Meter hoher Gerüstturm wurde einseitig angekippt und zum Einsturz gebracht. Darauf befand sich ein riesiges Mischpult für die PA-Anlage. Peter, Jörg und Barnie befanden sich in der Nähe des Turms, als der umstürzte und kamen nur durch Glück mit dem Schrecken davon. Es war das totale Chaos.

Am Rande des Festivalgeländes befindliche Verkaufsstände wurden geplündert und angezündet, Container mit Getränkevorräten aufgebrochen und leergeräumt. Einige Fans liefen verstört und orientierungslos durch die Gegend und suchten in dem Chaos ihre Freunde oder Angehörigen. Die drei brachten sich in Sicherheit und gingen zurück zu ihren Zelten, wo die anderen beiden auf sie warteten. Sie erzählten ihnen aufgeregt von dem ausgebrochenen Chaos.

Zahlreiche Fans wurden inzwischen mit Verletzungen im Rot-Kreuz-Zelt ambulant behandelt.

Die Bühne brannte lichterloh. Die hinzukommende Feuerwehr versuchte zu löschen, wurde aber durch zahlreiche Fans daran gehindert. Es hagelten Flaschen und Steine auf sie nieder, die Wasserschläuche wurden durchgeschnitten. Sie konnten nichts tun und brachten sich schnell in Sicherheit. Die Bühne wurde derweil regelrecht auseinandergenommen.

Einige Zeit später, so gegen 3Uhr, hatte sich die Lage entspannt und Peter, Jörg und Barnie wagten sich erneut vor Richtung Bühne.

Es flogen keine Gegenstände mehr, die Bühne hatte jetzt von allen Seiten Zugang, man konnte einmal rumgehen. Dahinter erkannten sie ausgebrannte Wohnwagen. Das Feuer bekam ständig Nachschub. Alles was brennen konnte, wurde in die Flammen geworfen. Zahlreiche Fans standen mit Decken umhüllt um die Bühne herum und wärmten sich am Feuer - inzwischen wurde es dunkel und kalt.

Das Feuer brannte die ganze Nacht.

Die drei diskutierten mit anderen Fans und gingen in den frühen Morgenstunden, als es bereits dämmerte, zu Ständen, die Heißgetränke anboten. Sie holten sich frischen Kaffee und sahen, dass das Speedway-Stadion inzwischen von zusammengezogenen Einsatzkräften der Polizei umstellt war.

Was von der Bühne übrig geblieben war, wurde von der Polizei abgeriegelt, und die Feuerwehr untersuchte den Brandherd. Mehr konnte sie nicht tun, zu löschen gab es nichts mehr.

Wortgetreu aus einem Artikel des „Scheeßeler Anzeigers" von 1977:

Polizei: Kein massiver Einsatz, um Aggressionen zu verhindern.

Der Eichenring war inzwischen von zusammengezogenen Polizeieinheiten aus der Umgebung eingekesselt. Die Feuerwehr war vor Ort, aber es gab nichts mehr zu löschen. Die Polizei hielt sich die ganze Zeit erstaunlicherweise zurück.

The Day After

Der nächste Tag bot ihnen bizarres Bild.
Zum einen:
Die Sonne ging auf, blauer Himmel, keine Wolke zu sehen und es herrschten schon angenehme Temperaturen, es sollte ein schöner Spätsommertag werden.

Zum anderen:

Der Eichenring glich einem riesigen Müllplatz. Auf dem Gelände lagen alle möglichen Sachen herum, viele Fans hatten das Gelände in der Nacht panikartig verlassen und ließen einiges zurück. Von der Bühne blieb nur ein verkohltes Stahlgerüst übrig. Ein paar Reste von der Dachplane waren noch zu erkennen. Das Feuer war erloschen, aber es qualmte noch. Dicke, dunkle Wolken stiegen in den blauen Septemberhimmel auf ...

Scheeßeler Anzeiger:

Nur noch Trümmer waren am Sonntagmorgen auf dem Festivalgelände zu sehen. Dazwischen tausende enttäuschter Fans, die sich friedlich zum Aufbruch bereitmachten. „Als die Leute jedoch Durst bekamen, wurden die Container mit Bier- und Coladosen aufgebrochen", beobachtete ein Polizeibeamter. „Eine Plünderung wie im Krieg", registrierte ein Festivalbesucher fassungslos. Die Fans mit den Getränkekisten unter dem Arm blieben weitgehend unbehelligt.

Die Zufahrtsstraßen zum Stadion waren unterdessen gesperrt. Über den Rundfunk ließ die Gemeinde das Ende des Festivals bekanntgeben. Dennoch machten sich viele Rock-Fans auf den Weg nach Scheeßel, um das Chaos aus nächster Nähe zu betrachten. Sie wurden aber nicht mehr ins Stadion gelassen.

Die meisten Fans haben wohl in der Nacht Hals über Kopf das Festival verlassen, aber einige tausend blieben noch vor Ort. Verkaufsstände, die nicht geplündert oder wieder aufgebaut waren, boten sogar etwas zu essen und frischen Kaffee an. Barnie und seine Freunde hatten die Nacht kein Auge zugemacht - wie auch? Sie waren von den ganzen

Ereignissen viel zu aufgewühlt. An Schlafen war nicht zu denken.

Sie bauten ihre Zelte ab und verließen gegen Mittag das Gelände. Am Ausgang standen Polizisten, einige Fans wurden kontrolliert. Sie kamen ohne Probleme durch und wollten nur noch eins:

ab nach Hause und sich erst mal aufs Ohr legen!

Wie kam es dazu? Warum ist es so eskaliert?

Hier einige Gründe:

- Schlechtes Management

- Das Festival war für den Veranstalter (Firma Mountain Music) einige Nummern zu groß, es wurde ein finanzielles Desaster.

- Es war kein Geld mehr da.

- Nichteinhaltung vertraglicher Verpflichtungen seitens der Bands.

- Einige Bands bekamen bereits im Vorfeld einen Vorschuss und sind nicht erschienen.

Hierzu der Scheeßeler Anzeiger:

Am Abend des Samstags tagte in der Gemeindeverwaltung Scheeßel wieder der Krisenstab unter Leitung von Gemeindedirektor Hellwig. Vertreter der „Mountain Music" gestanden ein, dass die amerikanischen Gruppen „Byrds" und „Nektar" zwar über 130.000 Mark im Voraus kassiert hätten, aber nicht zum Festival erscheinen würden. Andere Gruppen hätten ihr Kommen von der Vorauszahlung der ganzen Gage abhängig gemacht. Dafür sei jedoch kein Geld mehr vorhanden.

- Bands waren auf dem Weg zum Festival und sind aufgrund aktueller Informationen wieder umgekehrt.

Wortgetreu zitiert aus einem Artikel der „Rotenburger Rundschau" von 2002:

Heinz Harmsen, Pressebetreuer vom MSC Eichenring, erinnert sich, dass die Bands schon auf der Anreise im Radio von Gerüchten hörten, der Veranstalter könne nicht zahlen. „Die sind dann zum Teil gar nicht hingefahren zum Stadion, was wiederum die Fans registrierten". Dass das Ding kippt hatte Harmsen schon eine ganze Weile im Gespür. Sonntagmorgen um vier klingelte das Telefon, bestätigte die Annahme und hielt noch schlimmere Nachrichten bereit. Hans-Günther Meyer vom MSC berichtete aufgeregt, dass die Bühne brenne und jetzt der Sprecherturm des Vereins geschützt werden müsse. Harmsen machte sich auf den Weg und setzte sich mit Vereinskollegen vor den Turm. Und in der Tat stand die Bühne in Flammen, Harmsen sah, „wie ganze Bierladungen gekapert wurden". Er stellte fest, dass die Konzertbesucher zumindest die MSC-Vertreter und ihren Turm in Ruhe ließen. „Die waren wütend auf den Veranstalter."
Was Harmsen noch in Erinnerung hat, als wär's gestern gewesen: „Zwei Frauen aus Scheeßel hatten einen Verkaufsstand auf dem Gelände. Die haben mitten im Getobe weiter Obst verkauft".

- Einige Bands stellten überhöhte Forderungen.

- Einige Bands waren einfach nicht erschienen.

Was wohl nicht stimmt, ist, dass viele Bands aufgrund des angeblich schlechten Wetters abgesagt hätten.

- Bands, die vor Ort waren, verlangten ihre Gage oder Restgage vor dem Auftritt wie Colosseum II. So was ist aber kein ungewöhnliches Vorgehen, das gab es auch schon in Woodstock.

- Viele Rockfans waren über das (für sie) überraschende Ende des Festivals stinksauer. Es sollte eigentlich zwei Tage dauern.

Dass das Festival überhaupt stattgefunden hatte, war ein Wunder und muss letzlich als unverantwortlich angesehen werden. Man hätte es im Vorfeld absagen müssen.

Hierzu die Rotenburger Rundschau:

Nach einer Dreiviertelstunde Wartezeit schallt das erste Pfeifkonzert der 20.000 Fans im Stadion. Veranstalter Jürgen Wigginghaus weilt zu diesem Zeitpunkt nach Information des Musikmagazins Joker noch im Scheeßeler Hotel Köster und gibt telefonisch die Absage der Bands Byrds, Nektar, Quicksilver, Nite City, Fairport Convention, Iron Butterfly und The Damned durch. Vom Veranstalter-Team habe sich jedoch niemand bereiterklärt, all das dem Publikum mitzuteilen.

Scheeßeler Anzeiger:

Nachmittags begann um 15Uhr mit der Gruppe „Long Tall Ernie" das Rockspektakel. Auftritte von „Van der Graaf Generator", „Colosseum II" und „Camel" schlossen sich an. Obwohl es lange Umbaupausen gab, waren die Fans zufrieden. Sie ahnten nichts von den Ereignissen hinter den Kulissen.

Die Gemeinde hatte verspätet vor, das Festival abzusagen. Es wurde eine Erklärung vorbereitet, die am Sonntag um 8 Uhr auf der Bühne den Rockfans vorgetragen werden sollte. Ob die Verkündung als eine Art Morgenandacht geplant war, lässt sich heute nicht mehr sagen.Aber dazu kam es nicht mehr. Die Fans hatten auf ihre eigene Art und Weise in der Nacht zuvor das Festival für beendet erklärt.

Scheeßeler Anzeiger:

Während die holländische Rock-Gruppe „Golden Earring" 90 Minuten lang die Fans unterhielt, obwohl auch sie nur einen Teil der zugesagten Gage erhalten hatte, wurde im Scheeßeler Rathaus folgende Erklärung vorbereitet, die am Sonntag um 8 Uhr verlesen werden sollte:

Liebe festivalfreunde,
„Sie werden längst bemerkt haben, dass schon der gestrige Tag vom Programm her eigentlich nicht das gebracht hat, was zunächst angekündigt war. Das begann damit, dass am Freitag, dem 2. September, nachts gegen 2.30 Uhr, die Gruppe „Byrds" mitteilte, dass sie unter Vertragsverletzung auf dem Festival in Scheeßel nicht auftreten werde. Das gleiche gilt für die Gruppe „Nektar". Die Agenturen der übrigen engagierten Gruppen verlangten daraufhin und entgegen den vertraglichen Abmachungen über die gezahlten Vorschüsse hinaus die Restgagen und die Bezahlung der Flüge im Voraus. Durch diese vorgezogenen Forderungen war es dem Veranstalter nicht mehr möglich, seinen finanziellen Verpflichtungen nachzukommen. Der Ordnungsdienst ist daraufhin wegen Vertragsverletzung am Samstagabend abgezogen. Schon aus diesem Anlass ist

keine Gewähr mehr für die weitere Restabwicklung des zweiten Programmtages gegeben. Der Veranstalter, die Mountain Music, hat daraufhin in den frühen Morgenstunden Scheeßel verlassen. Ich bedaure, Ihnen mitteilen zu müssen, dass das Festival damit heute auf diese wenig schöne Weise beendet werden muss."

Doch zum Verlesen der Erklärung kam es nicht mehr. Kurze Zeit nachdem die Verantwortlichen das Rathaus in Scheeßel verlassen hatten, beendeten „Golden Earring" ihren Auftritt. Es war beabsichtigt, die Besucher mit Tonband-Musik hinzuhalten, bis sie schließlich sich zur Ruhe begeben würden.

Rotenburger Rundschau:

Als sich kein weiterer Musiker mehr blicken lässt, wird gegen zwei Uhr das Lichtmischpult weggeschleppt. Daraufhin stürmen Unbekannte die Bühne und kippen die Boxen herunter. Aus den Trümmern müssen dann die ersten Flammen geschlagen sein. Nachdem die Fans die Absperrungen beseitigt haben, klettern sie selbst auf die Bühne. Was nicht niet- und nagelfest ist, verschwindet, der Rest wird zertrümmert. Schließlich erklimmen Wagemutige das Dach und zünden auch dies an. Verstärker- und Lichtanlagen im Gesamtwert von mindestens 900.000 Mark verkohlen im lodernden Feuer. Die 166 Mann starke Schutzpolizei sieht angesichts der Übermacht tatenlos zu. Als die freiwillige Feuerwehr Scheeßel anrückt, wird sie mit einem Steinhagel empfangen. Die wütende Menge zerschneidet Schläuche, die Scheiben eines Löschfahrzeugs gehen zu Bruch. Vor der Bühne kommt es zu Schlägereien. Etwa 20 Verletzte will Gemeindebrandmeister Peters gezählt haben. Sieben Wohnwagen werden ins Feuer geschoben und brennen lichterloh. 13 Verkaufswagen werden geplündert, die Türen eingetreten, Lampen aus ihren Fassungen gerissen. Eine Pommesbude geht in Flammen auf. Polizei und Kripo nehmen 18 Randalierer wegen Körperverletzung, Widerstand gegen die Staatsgewalt und Diebstahl fest. Gegen vier wird Haftbefehl erlassen, zwei werden der US-Militärpolizei in Bremerhaven übergeben.

Der Todesstoß

Den entscheidenden Todesstoß erhält das Festival, so das Musikmagazin Joker, aber schon am Samstagnachmittag, während des Auftrittes von „Van der Graaf Generator".

Rotenburger Rundschau:

Webendörfer, der Leiter eines Hamburger Ordnungsdienstes, taucht in Begleitung eines Polizeibeamten und eines Gerichtsvollziehers auf, der einen dringlichen Arrestbefehl in Höhe von 115.000 Mark präsentiert. Der bleiche und immer undeutlicher
sprechende Wigginghaus muss passen. Überdies verlangt der Manager der Gruppe Colosseum innerhalb der nächsten zehn Minuten die zweite Hälfte der Gage von 5.000 Mark. Andernfalls werde die Band wieder abreisen. Gläubiger Webendörfer bleibt hart und dem Arm des Gesetzes nichts anderes übrig als unter wachsendem Polizeischutz voll in die Tageskasse zu langen. Das Geld ist daraufhin „alle". Inzwischen werden, so berichtet das Musikmagazin weiter, auch die als Ordner engagierten Rocker aus Essen und Hamburg ungemütlich: „Hey Alter, jetzt die Kohle her! Oder wir binden euch an der Bühne fest und lassen alles hochgehen." Was folgt, sind Bier- und Limokästen, die gegen Wohnwagen krachen. Wigginghaus und seine Freundin werden in einem Caravan gefangen gehalten. Das Rote

Kreuz holt die in Tränen aufgelöste Frau heraus, Wigginghaus fährt unbehelligt als Betreuer mit und wird nicht mehr gesehen. Schließlich treten nur noch Bands auf, die ihre volle Gage schon erhalten haben. Golden Earring soll sogar noch ein hervorragender Auftritt gelungen sein, bevor sich die Band gegen ein Uhr nachts eilig von der Bühne verabschiedet.

Barnies Fazit:
„Das heißeste Festival, das wir bisher erlebt haben!"

Scheeßeler Anzeiger:

Rock-Festivals wird es in Scheeßel in nächster Zeit nicht mehr geben. „Nicht mehr in meiner Dienstzeit als Gemeindedirektor", sagte Verwaltungschef Hellwig, der noch mindestens elf Jahre im Amt ist, allerdings machte er eine Einschränkung: „Es sei denn, ein arabischer Ölscheich ist der Veranstalter."

1992 musste noch einmal ein Open Air auf dem Eichenring abgesagt werden.

Rotenburger Rundschau:

Angekündigt war das „erste Biker- und Rockfestival 92". Mit dabei sein sollten am ersten August-Wochenende unter anderem Huey Lewis, Motörhead, Meat Loaf und Doro. Jedoch kamen bei den Einsatzvorbereitungen, so Polizeirat Klaus-Dieter Tietz, Zweifel an die Seriosität der Veranstalter auf. Intensive bundesweite Ermittlungen brachten dann die enttäuschende Gewissheit: „Alles war nur Lug und Betrug." Wäre der Schwindel nicht aufgefallen, so hätte ein Schaden entstehen können, der in die Hunderttausende gegangen

wäre, meint Tietz. Letzter Satz der Meldung von damals:
„Die Polizei bittet alle Fans ausdrücklich, nicht nach Scheeßel
zu kommen. Es gibt wirklich kein Konzert."
Dass Scheeßel mit dem abgebrannten Festival aus dem
frühen Herbst 1977 auch auf Vinyl in die Musik-Geschichte
einging, dafür hat die Gruppe Franz K. gesorgt. Auf ihrer
Platte „Geh zum Teufel" findet sich ein Lied zu dem
gescheiterten Open Air.

Wie der Titel lautet?
Dreimal dürft ihr raten
oder schaut und lest nach im nächsten Kapitel!

DIE KLEINE SCHEESSEL-FESTIVAL-HISTORIE

Das erste Festival fand bereits 1973 in Scheeßel statt. Unter dem Motto „Es rockt in der Heide" traten am 8. und 9. September 1973 dort zahlreiche, bekannte Bands auf.

Hierzu die Rotenburger Rundschau:

Scheeßel/Fintel. „Wir sind hier tolerant" - Im Hintergrund plätschert Wasser, vorn sitzt auf der Rathaustreppe Scheeßels Bürgermeister Walter Spiering (*1907, gest. 1990). Die Hände auf den Knien gefaltet hört er einem Festivalbesucher zu, der sich mit seiner rechten Hand durch die langen Haare fährt. An Spierings Seite sitzen fünf Hippies auf den Stufen, die sich gerade ihre Füße im Brunnen gewaschen haben. Der Bürgermeister hatte sich am Wochenende 8. und 9. September 1973 weltoffen gezeigt und war mit der Treppen-Szene in der Einleitung eines sechsseitigen Stern-Berichts erschienen.

Zuvor hatten zehn Ratsmitglieder der CDU und sieben der SPD mit ihrer Entscheidung für ein Open Air im Speedway-Stadion Eichenring den Beginn einer Rock-Festival-Geschichte in Scheeßel geebnet. Wie die Beekegemeinde zum „Bayreuth für Beatniks" wurde, hat der Stern im selben Artikel analysiert: „Seit im Jahre 1969 das Festival von Woodstock zum Symbol einer friedlichen Gegenkultur geworden war, hatte es viele Enttäuschungen gegeben. Der Mord von Altamont, wo Ordner vor den Augen der Rolling Stones einen Farbigen erstachen, und das deutsche Rocker-Spektakel von Fehmarn im Jahre 1970, wo wütende Ordner Feuer legten, weil der Veranstalter mit der Kasse durchgebrannt war." Der Trend, dass immer mehr Plattenfirmen Festivals nutzten, um ihre Produkte zu bewerben, kam hinzu. Zudem hatte in Deutschland schon *lange kein großes Festival mehr stattgefunden, eine Marktlücke war entstanden und wurde in der Beekegemeinde geschlossen. „Scheeßel war überfällig, die Kalkulation ging auf", schreibt der Stern. Als lieb und friedlich werden sie beschrieben: die ersten 52.000 Fans, die auf den Eichenring strömten. Und das Programm des ersten „Rock-Festivals Scheeßel" fiel bemerkenswert aus: Chicago, Lou Reed, Jerry Lee Lewis, Chuck Berry und Wishbone Ash waren die bekanntesten Interpreten der Festival-Premiere. Für eine entsprechende Beschallung im Stadion wurden zwei Verstärker mit je 15.000 Watt und küchenschrankgroße Lautsprecher aufgebaut. Die Zeitschrift „Pop" aus Zürich berichtet in ihrer Ausgabe 23 aus 1973 (Jagger zieht einen Flunsch auf dem Titel) eher negativ über den ersten Open-Air-Sommer in Scheeßel und zieht noch dazu ein vernichtendes Fazit: „Der große Frust blieb zurück. Festivals - wohin? Nicht in Richtung Scheeßel jedenfalls." Pop hat bei den Auftritten genauer hingesehen und Eindrücke für die Nachwelt festgehalten. Der Velvet-Underground-Sänger Lou Reed hatte in Scheeßel seinen, so recherchierte Pop, allerersten Auftritt auf dem Kontinent. „Er war gewissermaßen die negative Sensation des Festivals. Von der ersten Nummer an wurde er ausgepfiffen. Bleich geschminkt mit fahlroten Lippen, schlängelte er nervös in seiner Ledermontur über die Bühne und bot einmal mehr seine pervers-gelangweilte Stimme feil. Es scheint, dass die alten Velvet-Underground-Zeiten nimmer zurückkehren. Das Publikum war feindselig." Wie Reed am zweiten Festivaltag an der Reihe waren anderthalb Stunden nach Mitternacht die Rock'n'Roller Jerry Lee Lewis und Chuck Berry. „Während Jerry Lee eine überzeugende Show lieferte, vollgespickt mit seinen guten alten Nummern, geriet Chuck Berrys Erscheinen zu einer Farce. Als Lewis den Berry-Klassiker „Johnny B. Goode" anspielte, gesellte sich Chuck grinsend hinzu und klimperte ein bisschen auf der Gitarre. Nach ein paar Minuten gemeinsamen Jammens - Chuck ließ dabei nur mittelmäßige Gitarrenphrasen hören - verschwand Berry sang- und klanglos in Richtung Airport. Zurück blieben die geprellten Fans", berichtet Pop. Mit „Heiße Musik, wilde Tänze und über 200 Verletzte" titelte die Bild-Hamburg zum Festival-Auftakt in Scheeßel. „Mit der Bahn und auf Motorrädern, in klapprigen buntbemalten Autobussen und als Tramps waren die Rockfans in modischen Jeans und wallenden Hippie-Kostümen aus ganz Europa zum größten norddeutschen Pop-Festival ins Motorradstadion gepilgert." Auch auf dem Gelände hat die Bild so ihre Beobachtungen gemacht: „Der Schauplatz des Rock-Spektakels war abgeriegelt wie eine Burg. Im Innern des Stacheldraht-Verhaus lagerten Massen der jungen Leute auf violettem Heidekraut, in bunten Zelten oder auf Luftmatratzen. Süßlicher Haschischduft lag über der Menge." Veranstalter Werner Kühl aus Hannover („Wenn ich hier mit 50.000 Mark rausgehe, heirate Ich") hatte beim Open Air neben dem Nichterscheinen sechs angekündigter Hauptbands einige organisatorische Probleme. So wollte der Betrieb sechs altersschwacher Plumpsklos nicht so recht ausreichen. „Geduldig standen die tapferen Tramps in 80 Meter langen Reihen vor den bestialisch stinkenden Bretterbuden", schreibt der Stern. Als das Ärzteteam auf dem Gelände am zweiten Tag den Hygiene-Notstand ausgerufen hatte, wurden in Scheeßel bereitstehende „WC-Container mit 37 Sitzplätzen" (Stern) herbeigeschafft. Eine richterliche Verfügung habe den Klo-Vermieter gezwungen, seine kostbaren Fahrzeuge herauszurücken, die Wasserspülung allerdings funktionierte nicht. Beinahe ein Monopol beim Verkauf von Getränken und Speisen hatte sich Porsche-Fahrer Fritz Schäfer aus Reutlingen sichern können. Der Gastronom brachte 160 Zentner Würstchen sowie eine Million Bier-*

und Cola-Dosen auf den Platz. Zigaretten kosteten an seinen Ständen 1,50 Mark mehr als anderswo. Rauchen sei Luxus, argumentierte Schäfer.

„Ein zweites Rock-Festival in Scheeßel wird es nicht mehr geben", ließ das Musik-Magazin Sounds im Oktober desselben Jahres verlauten und hatte allerdings Unrecht. Eine Neuauflage sollte das First-Rider-Open-Air am Samstag und Sonntag 3. und 4. September 1977 bringen.

Der Name First Rider Open Air bezog sich auf einen seinerzeit neu eingeführten Zigaretten-Drehtabak in Jeans-Outfit, der dort vertrieben wurde.

Die Festival-Tradition des Ortes wurde erst wieder 1997 unter der Regie eines neuen Bürgermeisters fortgesetzt. Besonders die jüngeren Rockfans werden es kennen: das Hurricane-Festival.

HURRICANE FESTIVAL

Das Hurricane Festival ist ein seit 1997 auf der Motorrad-Sandrennbahn *Eichenring* bei Scheeßel (Niedersachsen), zwischen Bremen und Hamburg stattfindendes Musikfestival. Mit mehr als 70.000 Besuchern (2016) zählt es zu den größten Musikfestivals in Deutschland. Gleichzeitig mit dem „Schwesterfestival" *Southside* wird es jeweils im Juni von der FKP Scorpio Konzertproduktionen GmbH, der MCT Agentur GmbH und KoKo Konstanz GmbH veranstaltet. Wie viele andere große Festivals setzt das Hurricane auf eine Mischung aus Rock, Alternative, Pop und Electro, wobei neben etablierten Stars auch Neulinge zum Zuge kommen.

Angereist werden kann ab Donnerstagmittag. Bedingt durch die Lage trifft man neben Besuchern aus ganz Deutschland auch Menschen aus England, den Niederlanden und den Nordischen Ländern auf dem Hurricane. Aufgrund der steigenden Beliebtheit dieses Festivals kommt es jedoch auch immer häufiger zu Treffen mit Menschen aus aller Welt.

Geschichte

Vorgängerfestivals 1973 und 1977

Bereits am 8. und 9. September 1973 fand unter dem Titel „Es rockt in der Heide" das erste Festival in Scheeßel statt. Es war ein Festival mit vielen damals sehr bekannten Größen der Rockmusik (wie Chuck Berry, Jerry Lee Lewis, Chicago, Manfred Mann's Earth Band, Lou Reed) und es zog sich dank der Spielfreude der Bands bis in die tiefe Nacht vom Montag hin.

Beim *First Rider Open Air* vom 3. bis 4. September 1977 entstand ein Sachschaden von 1,5 Millionen Mark, als der Veranstalter, dem im Lauf der Planung des Festivals klar wurde, dass er die Bands nicht bezahlen konnte, mit den Resten der Festivalkasse durchbrannte. Der Name *First Rider Open Air* bezog sich auf einen seinerzeit neu eingeführten Zigaretten-Drehtabak der Marke *Rider* in Blue Jeans-Aufmachung. Der niederländische Tabak-Hersteller Douwe Egberts hatte das Festival mit 140.000 DM gesponsert und dafür ausgehandelt, dass der Name des Tabaks erwähnt würde. Ein Teil der angekündigten Bands, u. a. Nektar und die Byrds, kam gar nicht erst nach Scheeßel, weil zum einen bis zuletzt noch nicht einmal die Anreise-Finanzierung gesichert war, und zum anderen der vollkommen unbedarfte Veranstalter, ein 25-jähriger Bankangestellter, verschiedene Bands bereits im Voraus voll bezahlt hatte, die dann sinnigerweise überhaupt nicht mehr anreisten.

Es eröffneten Long Tall Ernie & The Shakers aus den Niederlanden und Golden Earring beendete mit *Radar Love* den Abend. Dann ging bis auf eine Notbeleuchtung die Bühnenbeleuchtung aus. Die als Ordner engagierten Hells Angels hatten sämtlich bereits lange vorher ihren Dienst mangels erhaltener Entlohnung eingestellt. Die sich betrogen fühlenden Musikfans und die um ihren Lohn geprellten Ordner setzten nach kurzer Zeit die Bühne und die Wohnwagen der Organisatoren in Brand. Equipment und Instrumente wurden zerstört. Aufgetreten sind außer den vorgenannten Bands Van der Graaf Generator, Colosseum II sowie die britische Prog-Rock-Gruppe Camel. Auch der Elektronik-Musiker Klaus Schulze war für einen Auftritt bereits hinter der Bühne anwesend gewesen. Ursprünglich angekündigt waren u.a. auch Steppenwolf und Ray Manzarek, der Pianist der Doors. Es gab durch von der brennenden Bühne herabfallende Teile der stählernen Einrüstung einige Verletzte, die umgehend vom

Rettungsdienst versorgt wurden. Auf Betreiben des damaligen Bürgermeisters fanden danach die Rock-Festivals in Scheeßel ein vorläufiges Ende.

Neustart auf dem Eichenring 1997

Erst 1997 wurde unter der Regie eines neuen Bürgermeisters mit dem ersten *Hurricane-Festival* die musikalische Tradition des Ortes fortgesetzt. Mit Hilfe eines ortsansässigen Unternehmers gelang es Veranstalter Folkert Koopmans (FKP Scorpio) die Scheeßeler Stadtverwaltung zu überzeugen. Beim ersten Hurricane Festival am 21. und 22. Juni 1997 mit den Headlinern Rammstein, INXS und Bad Religion kamen rund 20.000 Besucher, ein Gewinn wurde nicht erwirtschaftet. Koopmanns hatte mit einem Breakeven bei 12.000 Besuchern gerechnet. 36 Bands spielten an zwei Tagen auf einer großen Haupt- und einer kleinen Zeltbühne. Da 9.000 der Zuschauer - viel mehr als erwartet - auf dem Gelände übernachten wollten, wurden kurzfristig weitere Flächen der benachbarten Bauern in Zeltplätze umgewandelt.

Anstieg der Besucherzahlen und Vergrößerung des Geländes

Bereits im zweiten Jahr kamen mit 40.000 Besuchern mehr als doppelt so viele wie bei der Premiere und auch in der Folgezeit sollte die Besucherzahl weiter ansteigen. 2002 wurde mit 52.000 Zuschauern ein neuer vorläufiger Besucherrekord aufgestellt. In den ersten Jahren spielten - mit Ausnahme vom Festival 2000 - die Bands an zwei Tagen (Samstag und Sonntag), seit dem Jahr
2003 findet das Festival an drei Tagen (Freitag, Samstag und Sonntag) statt.

2004 war erstmals eine zweite Open-Air-Bühne aufgebaut, damals standen diese noch gegenüber, was zu einem unschönen Soundgemisch führte. In diesem Jahr trat David Bowie bei dem Festival auf. Nach seinem Auftritt klagte Bowie über Herzbeschwerden und wurde noch in der Nacht in Hamburg notoperiert. Sein Auftritt beim Schwesterfestival Southside wurde daraufhin abgesagt. Das Konzert auf dem Hurricane war Bowies letzter Live-Auftritt. Abgesehen von vereinzelten Gastauftritten stand er bis zu seinem Tod im Januar 2016 nicht mehr auf der Bühne.

2005 war das Festival mit über 60.000 verkauften Tickets ausverkauft; dies ließ aber bei einigen Besuchern Kritik laut werden, da sowohl der Zeltplatz als auch das Gelände selbst als zu überfüllt angesehen wurden. Aus diesem Grund wurde im darauffolgenden Jahr (2006) das bereits zwei Monate vor Festivalbeginn ausverkaufte Kontingent auf 50.000 Tickets reduziert, aus Sicherheitsgründen wurde auch das Crowdsurfing verboten. 2006 kam es etwa 90 Minuten vor dem offiziellen Ende des Festivals zum bis dato schwersten Unwetter in der Geschichte des Hurricane-Festivals. Sturmböen mit Windstärke elf und Niederschläge mit bis zu 30 Litern pro Quadratmeter verursachten den Abbruch des Festivals sowie Schäden an zahlreichen Zelten und Pavillons. Die Zeltplätze standen teilweise kniehoch unter Wasser, so dass mehrere tausend Festivalbesucher im Diskozelt eine Notunterkunft fanden. Viele PKW steckten fest und konnten nur mit Hilfe von Landmaschinen der ortsansässigen Landwirte aus dem aufgeweichten Parkplatz befreit werden.

Durch eine Erweiterung von Zelt- und Bühnenfläche wurde 2007 das Kontingent wieder auf 60.000 Tickets angehoben. Die zweite

Bühne (Blue Stage) wurde aus dem Eichenring ausgelagert, daneben gab es eine Zeltbühne. Das Festival 2008 war kurz vor Festivalbeginn mit 70.000 Besuchern ausverkauft.

Entwicklung seit 2009

Das Hurricane-Festival 2009 war mit 60.000 Besuchern erstmals seit längerer Zeit nicht ausverkauft. Headliner der 13. Auflage waren Kings of Leon, Faith No More und Die Ärzte auf der Green Stage, sowie Kraftwerk, Nick Cave and the Bad Seeds und Nine Inch Nails auf der Blue Stage. Für einen der wenigen Auftritte von Faith No More in Europa reisten einige Fans aus Griechenland, Großbritannien und Australien an.

Erstmals wurde 2010 eine vierte Bühne, die *White Stage*, erbaut, auf der ausschließlich Acts aus dem elektronischen Bereich auftraten.

Seit 2011 werden durch den Betreiber Handy-Apps (Android, iOS) gepflegt, über die neben Informationen zu den Bands (Zeitplan, Bühne, Info) auch Aktuelles zum Festival vermittelt wird. Auch SMS-Infos sind möglich. 2011 wird von einem Netzbetreiber insbesondere für die stromlosen Camper als Werbe-Aktion ein Handy-Lade-Service angeboten, vor dem sich teilweise lange Schlangen bilden. Problematisch ist die zeitweise starke Auslastung der Handy-Netze im Festivalbereich, was auch durch die Zunahme von Smartphones, die zum Datentransfer teilweise regelmäßig eine Verbindung aufbauen, bedingt ist. Auch das *Green Camping* wurde in diesem Jahr erstmals angeboten.

Die wenige Jahre zuvor eingeführte *Red Stage* war ab 2012 nicht mehr ein Zelt, sondern eine dritte Open-Air-Bühne. Das Festival war seit Anfang Mai ausverkauft.

Im Vorverkauf 2013 wurde ein neuer Rekord erzielt, alle 73.000 Tickets waren bereits Ende März ausverkauft. Seit 2013 entwirft der spanische Künstler Dani Blázquez jährlich ein neues Artwork für das Hurricane-Festival. 2013 war dies eine pinkfarbene Eule, 2014 ein blauer Wolf, 2015 ein grünes Wildschwein, 2016 ein roter Fuchs, 2017 ein grüner Bär, 2018 wird es ein lilafarbener Luchs sein. Die stilisierten

Tiere unterscheiden sich jeweils in der Augenfarbe vom entsprechenden Artwork des Schwesterfestivals Southside. Das Artwork wird unter anderem auf den Leinwänden der Bühnen während der spielfreien Zeiten, als Wallpaper der Hurricane-App und des Internetauftritts sowie auch an vielen Stellen auf dem Festivalgelände auf Bannern zur Dekoration verwendet.

Nachdem auch das Festival 2014 vorzeitig mit 73.000 verkauften Kombitickets ausverkauft war, war die Ausgabe 2015 erstmals nach längerer Zeit nicht ausverkauft, es kamen etwa 65.000 Besucher. Laut Veranstalter ist dies auf den starken Festival-Konkurrenzkampf in diesem Jahr und die daraus folgende schwächere Headliner-Spitze (Placebo, Florence + the Machine, Marteria) zurückzuführen. Ebenfalls in diesem Jahr wurde ein ausgearbeitetes RFID-Bezahlsystem statt Bargeldzahlung auf dem Festivalgelände genutzt.

Der Veranstalter vermeldete am 23. Februar 2016 den Ausverkauf aller 73.000 Kombitickets. Direkt am ersten offiziellen Festivaltag wurde das Festival 2016 aufgrund einer akuten Unwetterwarnung für etwa zwei Stunden unterbrochen. Nach dem vorzeitig beendeten Festival *Rock am Ring* waren die Veranstalter des Hurricane besonders sensibel. Dort wurden 71 Menschen nach einem Blitzeinschlag verletzt. Am zweiten Festivaltag wurde die Öffnung des Veranstaltungsgeländes zunächst verschoben, gegen Abend dann komplett versagt. In der Nacht vom 25. auf den 26. Juni 2016 legte der Veranstalter mit mehreren Fachgruppen des THW sowie der Feuerwehr und eigenem Personal große Teile der Flächen trocken, pumpte Wasser ab und verteilte Stroh und Kies. Am Sonntag konnte das Gelände dann regulär geöffnet werden.

Fernsehübertragung

Bis 2004 hatte der Kölner Musiksender VIVA die exklusiven Übertragungsrechte der Bühnenshows. Im Jahr 2004 wurden zum ersten Mal die Auftritte auf der Center Stage auch hochauflösend in HDTV aufgezeichnet und exklusiv auf dem ersten europäischen HDTV-Sender Euro1080 (jetzt HD-1) gesendet. Nach Übernahme der Mehrheit an VIVA durch Viacom, die ebenfalls im Besitz des (zuvor konkurrierenden) Musiksenders MTV sind, war MTV Partner des Hurricane-Festivals. 2005 wurde der Auftritt von Die Ärzte live auf MTV gezeigt; 2006 die drei Auftritte von Mando Diao, The Hives und The Strokes hintereinander; 2008 eine Zusammenfassung von Freitag und Samstag und der Auftritt von den Beatsteaks und Billy Talent. Des Weiteren sendete Arte Dokumentationen über die Hurricane-Festivals seit 2004. Im Jahre 2011 übernahmen VIVA und ZDFkultur die Übertragung. 2012 hatte ZDFkultur die alleinigen Übertragungsrechte. Im Jahre 2016 hat ARTE die Rechte zur Übertragung.

ROCK IN SCHEESSEL

Text: STEFAN JOSEFUS
Musik: FRANZ K.

Erschienen auf der Franz K. LP
„GEH ZUM TEUFEL"
(1978 EMI)

Es war Samstag in der Heide
Sie kamen von Fern und Nah
Zum Open-Air nach Scheeßel
Nur Jeans und Parka wohin man sah
Sie freuten sich auf viel Musik, ein bisschen
Sonnenschein
Es fing auch alles kannst dufte an
Doch am Abend wurde es gemein.

+++

Rock in Scheeßel
Diese Nacht vergess ich nie.
Rock in Scheeßel
war eine Höllensymphonie
Rock in Scheeßel
Feuer in der Nacht
Denn die Wut der Fans hat sich Luft gemacht.

+++

Bis zwölf spielten Golden Earring
mit Volldampf in die Nacht
Jeder dachte dass es losging
Dann wurde das Licht ausgemacht.
Weder Nektar traten auf
noch die Byrds aus USA
Für das viele Geld gab es kaum Musik
und deshalb war das Chaos da.

Rock in Scheeßel
Diese Nacht vergess ich nie.
Rock in Scheeßel
War eine Höllensymphonie
Rock in Scheeßel
Feuer in der Nacht
Denn die Wut der Fans hat sich Luft gemacht.

+++

Ein Jahr später auf der Loreley
Sie kamen von Fern und nah
Zum Open-Air an den schönen Rhein
Doch auch diesmal war das Chaos da.
Die Hauptgruppe kam wieder nicht
Die Flammen spiegelten sich im Fluss
Vielleicht ist zu viel Kohle im Spiel
das es einfach brennen muss.

+++

Rock in Scheeßel
Diese Nacht vergess ich nie
Rock in Scheeßel
War eine Höllensymphonie
Rock in Scheeßel
Feuer in der Nacht.
Denn die Wut der Fans hat sich Luft gemacht.

Es war Samstag in Scheeßel
Ein Flammenmeer wohin man sah
Es war Samstag auf der Loreley
Wo es wiederum brutal geschah
Flammen fragen nicht nach Schuld
Doch ich kann die Fans versteh´n
Und dennoch tut es mir sehr weh
Die Bühne brennen zu seh´n.

+++

Rock in Scheeßel
Diese Nacht vergess ich nie
Rock in Scheeßel
War eine Höllensymphonie
Rock in Scheeßel
Feuer in der Nacht
Denn die Wut der Fans hat sich Luft gemacht.

DIE KLEINANZEIGE
(1985)

Zu einer ordentlichen Band gehört natürlich auch ein „weiblicher Aufputz". Ein Begriff, der bei uns im hohen Norden nicht allzu geläufig ist. Er stammt aus dem Bayrischen (*dazu mehr im Kapitel: Die wirklich wahren Gründe warum man(n) in einer Tanzkapelle spielt*).

Ein Elektriker vom Fach würde übrigens unter weiblichem Aufputz (WA) etwas ganz anderes verstehen. Für ihn wäre das einfach eine Steckdose mit Kontakten nach innen (also weiblich), die auf den Putz (Aufputz) einer Innenwand montiert wird. Der Stecker mit den Kontakten nach außen wäre folglich das Gegenstück, nämlich männlich. Doch das nur am Rande. In der restlichen Welt, also auch bei uns, wird der „weibliche Aufputz" gern Groupies genannt.

Mit Groupies meint man jene seltsamen Wesen von in der Regel weiblichem Geschlecht, die mit Pop- und Rockbands durch die Gegend reisen. Die vor der Bühne wie wild gewordene Hühner umherschwirren, bei den Konzerten ihrer Lieblinge ekstatisch kreischen und ihren Angebeteten nach dem Auftritt in vielerlei Dingen zur Hand gehen. Kochen, Bügeln und Knöpfe annähen mal ausgenommen.

Mit den Groupies war das bei der hannoverschen Band „The Hotlips Boogie Lovers" so ein Problem. Sie hatten nämlich keine.

Die Gründe hierfür waren sehr unterschiedlich. Womöglich lag es an dem nicht gerade vorteilhaften Aussehen der einzelnen Musiker. Vielleicht hätten sie nicht nur mal zu den gesetzlichen Feiertagen duschen sollen. Und die Unterhose war auch nicht immer die frischeste. Man konnte sie manchmal nach dem Ausziehen in die Ecke stellen. Ohne dass sie umfiel. Schlimmer war jedoch, wenn die inzwischen hart gewordene, stark verkrustete braune Unterhose mit dem Tragenden eine Einheit gebildet hatte, also quasi mit ihm verwachsen war. Dann konnte sie nur noch mühselig und unter großen Qualen mit Hammer und Stemmeisen vom Unterleib des Tragenden abgeklopft werden. Aber das nur nebenbei.

Es musste also etwas unternommen werden. Die Band befand sich schon im Vorstadium eines akuten Samenkollers. Schnellstens mussten prophylaktische Maßnahmen ergriffen werden, damit keine unnötigen Kosten für die Blues Krankenkasse Hannover, BKKH, entstanden. Das Blues-Kommando-Hannover, BKH, sozusagen das „Zentralorgan" für alle registrierten Blues- und Boogiebands in Norddeutschland, nahm sich der Sache an und kam auf die glorreiche Idee, man sollte eine Kontaktanzeige in dem bekannten hannoverschen Stadtmagazin „Schädelschalter" schalten (gemeint ist natürlich der Schädelspalter).

Die Band war damit einverstanden. Den Text der Anzeige und die feinsinnige, wörtliche Ausschmückung wollte der Schlagzeuger der Band, Howie Hotlips, übernehmen. Man wollte etwas Volksnahes, Bodenständiges, also nicht irgendwelche abgehobenen „Tussen". Und sie sollten schön etwas in der Bluse haben und hin und wieder mal Hand anlegen; da waren sich alle einig. Das BKH und der sizilianische Manager der Band, Alberto Funghi, waren damit einverstanden.

Howie schrieb also einen Text für die Anzeige, die in der August-Ausgabe des Stadtmagazins unter der Rubrik Lust & Liebe erscheinen sollte. Die Band war begeistert über die subtilen Zeilen.

Hier nun der Abdruck des Original-Textes. Eingegangen am
10.07.1985 beim Stadtmagazin (siehe auch Bilderteil):

Wir suchen für unsere verdorbene Blues-Boogie-
Gang
(man ist so hart wie sie ihn fühlt)
noch knisternd schillernde, beschwingte Mädels
mit apfelförmigen Brüsten und braunen
Cremehütchen
für prickelnde, erotische Liebesabenteuer.
Wir sind doch alle nur Sklaven der Sinnlichkeit!

Leider kam es nicht dazu. Die Anzeige kam ein paar Tage
später mit folgendem Vermerk zurück:

„Wir bitten, den Text harmloser zu verfassen. Irgendwo sind
auch bei uns Grenzen."

Das war doch ein netter Text, oder? Und auch nicht
frauenfeindlich, finde ich, vielleicht ein bisschen sexistisch.
Und apfelförmige Brüste mit braunen Cremehütchen, ist
doch lecker, könnte auch gut eine leckere süße Nachspeise
aus dem Film „Das große Fressen" sein, oder?

Wie dem auch sei. Die Band war völlig außer sich. Was soll
das heißen, „harmloser"?

Und die Grenzen liegen im Irgendwo?

Im Irgendwo hat doch jeder seine Grenzen, oder?
Wo ist eigentlich Irgendwo?
Ist das oben oder unten?

Wo sind die Grenzen?

Und wie kommt man dorthin?

Mit den Öffis, mit dem Flugzeug oder zu Fuß?

Fragen über Fragen …

Ein doch sehr diffuser Vermerk ohne genaue Ortsangabe.

Die Band war bitter enttäuscht.

Ein nochmaliger Versuch zur Schaltung einer Kontaktanzeige unterblieb. Zu tief saß der Schock. Der Gemütszustand der einzelnen Musiker wurde in der nächsten Zeit immer unberechenbarer.

Hin und wieder gab es bei Auftritten Aussetzer bzw. erhebliche Störungen in der Feinmotorik. Die Konzentration und das Gehör ließen nach, das Miteinanderspielen wurde immer schwieriger.

Das Spielen der Musikinstrumente wurde beeinträchtigt. Nicht jeder Ton, der erklang, war auch der richtige, oft war es zu laut und zu schräg.

Ein Samenkoller drohte …

DER ZWISCHENFALL I

Hannoversche Ungemeine Zeitung
* * HUZ * *

-Ungemein Abhängig+Parteilich+Bestechlich-
* seit Anno Tobak *
Hannover, Montag der 30.12.1991

SCHLAGZEUGER FAST ERSTICKT
NOTZUCHT IM ZOO

Von Ulli Urin

Hannover. Ein Zoobesuch hätte für den bekannten hannoverschen Schlagzeuger Albert von Rundbogen beinahe mit dem Erstickungstod geendet. Er wurde von der afrikanischen Elefantenkuh Jenny in die Enge getrieben und zum Oralverkehr gezwungen. Ein eilends herbeigerufener Tierarzt musste das ekstatisch trompetende Tier mit 1,5kg Valium ruhigstellen. Der 33jährige Schlagzeuger konnte rechtzeitig mit einer Seilwinde aus dem Tier gezogen werden. Zoodirektor Dr. Dietrich warnt alle Zoobesucher davor, sich während der Brunstzeit den ansonsten friedlichen Dickhäutern zu nähern.

DER
BOCKBIERANSTICH
(1986)

Veranstaltungshinweis aus dem
WESERTALER WOCHENBLATT (WWB)
vom November 1986:

– ALLE JAHRE WIEDER –

Wie jedes Jahr am 1. Wochenende im Dezember findet auch
in diesem Jahr in Kleinbremen wieder der traditionelle
WESERTALER
WEIHNACHTS-BOCKBIERANSTICH
im Ausflugslokal „Zur weiten Aussicht" statt.
Da er in diesem Jahr zum fünfundsiebzigsten Mal stattfindet,
hat sich die Brauerei in Zusammenarbeit mit dem Kulturamt
Kleinbremen und dem Festwirt /Programmmacher Klaus-
Dieter von Weitsichten ein besonderes Programm für Jung
und Alt ausgedacht.

Zum **75jährigen Jubiläum** gibt es an beiden Tagen
musikalische Live-Darbietungen,
Engtanz-Party und eine tolle Verlosung.

Festtagsprogramm für Samstag, den 06.12.1986

11 UHR:
Fröhliche Einstimmung auf den Bockbieranstich.
Volkstümliche Blasmusik
aus dem schönen Weserbergland mit
BERND BOSCH UND SEINE WESERLÄNDER
++++
14 UHR:
Die A-Capella-Gruppe
HERZEN IN TERZEN
aus Hannover mit ihrem aktuellen Bühnenprogramm:
„Hilfe, meine Handtasche brennt!"
++++

18 UHR:
DIE WESERTALER RÖCKEJÄGER
(Hoch das Röckchen, Rein das Böckchen Tour ´86)
Rock ´n´ Roll mit deutschen Texten und turbomäßigem
Gebläse.
Die Lokalmatadore aus Rinteln.
Da bleibt kein Höschen trocken!

Festtagsprogramm für Sonntag, den 07.12.1986

12 Uhr:
Zünftiger Frühschoppen mit den
WILDEN WESERBUBEN
++++
15 UHR:
„Prokel mir im Haar rum"
Eine 70er-Jahre Schlagerrevue-Party mit
HANS-DIETER HUHN
UND DIE KUNSTHAARPERÜCKEN
++++

19 UHR:
Es geht nochmal richtig ab!
Ekstatischer Rock ‘n' Roll bis der Arzt kommt
(die Sauerstoffzelte stehen bereit)
mit:
B.B. AND THE BOOGAALOO'S
ein 50er-Jahre Rock ´n´ Roll-Powertrio aus Moellenbeck

Für das leibliche Wohl sorgt wie immer
Schlachtermeister Arnold Saumagen aus Bückeburg

Auf der Karte stehen Ochsenschwanzsuppe, frische
Pferdewurst vom Rost, handgemachte Rinderbuletten
(vom Meister persönlich in der Achselhöhle gerollt)
Rinderzunge und Schweinskopfsülze.
Ferner Beilagen wie handgeschnitzte Pommes, mit den
Füßen gestampfter Kartoffelbrei und diverse Kohlsorten aus
der Region.

Als Nachtisch empfehlen wir:
OMAS LETZTE TAGE (Rote Grütze mit Schuss)
Eine Spezialität des Hauses!

ANSTICH: SAMSTAG, DEN 6. DEZEMBER UM 12UHR

Eintritt Samstag: 7,00 DM, Eintritt Sonntag: 7,00 DM
Einlass: Samstag ab 10UHR
Sonntag erst ab 11 UHR 30 (wegen Kirchgangs)
Kombiticket für beide Tage: nur 10,00 DM
Achtung: Verlosung ist nur am Samstag!

Personen mit einem gültigem DBV-Ausweis zahlen nur die
Hälfte!

Auch in diesem Jahr gibt es wieder
schöne Preise zu gewinnen:

1.PREIS:
Ein einwöchiger Erlebnisurlaub für 2 Personen im Bergwerk
Kleinbremen mit Vollverpflegung. Mit freundlicher
Unterstützung von Klitoristik-Reisen-Poppenhausen.

2.PREIS:
Eine ganztägige Baggerfahrt für 2 Personen mit
„Boisery Mystery Tours" durch das schöne Wesertal.
Mit zahlreichen, noch geheimen Fotostopps an
geheimnisvollen Plätzen.

3.PREIS:
Resteessen für 2 Personen
im Ausflugslokal „Zur weiten Aussicht".

4.PREIS:
1 Busenmassagegerät
(Marke HI-TEK, in 3 Stufen verstellbar) für SIE.

5.PREIS:
1 Hodenkraulmaschine
(Marke HI-TEK, stufenlos einstellbar) für IHN.

**Darüber hinaus gibt es zahlreiche Trostpreise zu gewinnen
wie:**

Stützstrümpfe, Eierwärmer, Bierkrüge, Dr. Credos
Hornhauthobel, Topflappen, Ohren- und Nasentrimmer,
Robenta Hodenstaubsauger (ohne Beutel),
Kniegelenkwärmer, lange olivgrüne Unterhosen
(Einheitsgröße, aus BW-Beständen), Brusthaartoupets
und vieles mehr!

**Noch ein
Hinweis für unsere Starktrinker:**

Ausnüchterungskabinen befinden sich im
1. Obergeschoss des Lokals
(Zugangsmarken gibt es beim Wirt).

Eigentlich sollten ja, wie jedes Jahr, die Wesertaler Röckejäger, eine Tanzmusikkapelle aus Rinteln, aufspielen. Sie sind so etwas wie die Zillertaler Schürzenjäger des Nordens. Diese mussten aber leider absagen, da sich der Bassist der Kapelle, Jürgen Goldeisen, mit seinem roten NSU-Prinz auf regennasser Fahrbahn beim Rückwärtseinparken überschlagen hat Ein ernstzunehmendes Problem bei den Tanzmusikern (dazu mehr im Kapitel Die wirklich wahren Gründe). Er musste vom THW Rinteln aus seinem völlig demolierten Fahrzeug herausgeschweißt werden. Jürgen ist nochmal mit dem Schrecken und ohne große Kratzer davongekommen. Aber sein Hofner-Bass (auch „McCartney-Geige" genannt) hatte sich bei dem Überschlag den Hals gebrochen. Darüber war er geschockt und konnte einige Wochen nicht spielen. Er brachte ihn zu Spezialisten nach Hannover, die ihn wieder reparierten. Diesen Bass spielt er übrigens immer noch.

Es musste also kurzfristig Ersatz gefunden werden. Durch die Vermittlung des Wirtes von der „weiten Aussicht" sprang die Sixpack Bluesgang aus Hannover ein. Dies ist keine Unbekannte in Kleinbremen. Sie spielte dort schon einige Male in kleiner Besetzung, also als Trio. Dieses Mal wollten sie ihrem Namen alle Ehre machen und mit Verstärkung, also zu sechst, anrücken.

Der Bandmanager und Artdirektor der Band, Werner Gpunkt, machte den Termin klar, ohne mit der Band groß Rücksprache zu halten. Die Band war keinesfalls begeistert darüber. Es gab Diskussionen, ob das die richtige Veranstaltung für sie sei, dann die Uhrzeit und ob sie da zum Tanztee aufspielen sollten und solche Dinge. Aber egal, sie wollten das Beste daraus machen - was sie auch taten. Der Termin stand fest und es gab nichts mehr zu rütteln.

Zwei Bandmitglieder, Boni der Gitarrist und Albert der Standschlagzeuger, waren den Abend zuvor im Cafe Glocksee. Dort spielten ein paar Freunde von ihnen, King

Curd and the Suckers of Revolution. Sie feierten gemeinsam ihren 200. Auftritt und das Tourende ihrer erfolgreichen „Suckers of Revolution" Tour. Bis in die frühen Morgenstunden wurde ausgiebig gefeiert. Boni und Albert waren so breit, dass sie nachher auf irgendwelchen Sofas lagen und nicht mehr hochkamen. Die Aushilfskellnerin Vivi Lack - sie ist eigentlich gelernte Make-up Designerin - schloss die beiden kurzerhand in dem Café ein. Sie jobbt gelegentlich in dem Café und ist außerdem Bandbetreuerin - sozusagen Mädchen für alles - der Sixpack Bluesgang. Sie wollte nochmal kurz nach Hause und eine Dusche nehmen.

Boni und Albert wurden am frühen Samstagmorgen gegen acht Uhr abgeholt. Es fing wieder an zu schneien. In der Nacht zuvor hatte es auch schon stundenlang geschneit. Es lag inzwischen eine geschlossene, mehrere Zentimeter dicke Schneedecke, die immer höher wurde. Der Tourfahrer der Band, Kommanda Kodi, holte sie mit dem schwarzen Bluesmobil ab. Es war ein umgebauter Leichenwagen, Typ Mercedes Benz 230 Kombi, Pollmann (Doppelsargausführung), 130 PS, Baujahr 1979. Hinten hatte man zwei bequeme, lederne Sitzbänke eingebaut. Es konnten bis zu sechs Personen (also die komplette Band) mitfahren. Außerdem gab es eine eingebaute Bar und eine Stereoanlage mit Kassettenbetrieb. Mit an Bord waren die frisch geduschte Vivi und der Bassist der Band, Claus Underwood. Er saß hinten. Sie hatten ihn kurz vorher von zu Hause aus dem Stadtteil List abgeholt. Die drei stiegen aus und gingen zum Café. Vivi schloss die Eingangstür auf. Derber Bier- und Zigarettengestank schlug ihnen entgegen. Sie entdeckten die beiden Betrunkenen komatös in einer Sofaecke liegend. Vivi versuchte, sie zu wecken, aber es war nichts zu machen, sie schliefen tief und fest. Claus ging zur Theke und holte ein großes Glas kaltes Leitungswasser. Er sagte, eine kleine, feuchte Erfrischung könne den beiden vielleicht nicht schaden und schüttete es ihnen ins Gesicht.

Die zwei Betrunkenen wurden tatsächlich wach und wunderten sich, was um sie herum geschah. Sie mussten sich erst mal orientieren. Der Kommanda erzählte ihnen etwas von einem Auftritt in Kleinbremen und dass sie los müssten.

Es war inzwischen wieder etwas am Schneien und die Zeit drängte. Sie waren noch leicht benommen und guckten verwundert. Der Kommanda und Claus halfen ihnen auf die Beine. Mit vereinten Kräften brachte man jeden einzeln zum Bluesmobil. Der Schneefall hatte weiter zugenommen, es schneite dicke, weiße Flocken und starker Wind kam auf.

Vivi verriegelte die Tür zum Café und kam nach. Als alle im Bluesmobil waren, konnte es endlich losgehen. Der Kommanda startete den Motor und legte eine Kassette mit Musik von Johnny Winter und Chuck Berry in das Kassettendeck ein. Dann fuhr er los Richtung Königsworther Platz, von da aus weiter auf den Schnellweg. Dann ging es auf die Autobahn 2 Richtung Dortmund. Vivi nahm eine Erstversorgung der beiden vor. Sie bekamen einen frischen Kaffee aus der Thermoskanne und eine Roth-Händle verabreicht. Auf der Autobahn entwickelte sich ein heftiger Schneesturm. Die Sicht war schlecht und es ging nur langsam voran. Zum Teil gab es erhebliche Schneeverwehungen. Der Kommanda musste echt aufpassen und fürchtete, womöglich in einer Schneewehe stecken zu bleiben. Nur langsam näherten sie sich der Ortschaft Rehren. Sie hatten es beinahe geschafft. Schließlich lenkte der Kommanda das Bluesmobil an der Ausfahrt Bad Eilsen von der Autobahn. Bis zum Auftrittsort waren es jetzt nur noch ca. 3 Kilometer. Der Sturm hatte inzwischen aufgehört und es schneite nicht mehr. Hier im Wesertal lag noch mehr Schnee als in Hannover. Einige Schneeräumfahrzeuge waren im Einsatz, ein Überholen war unmöglich. Sie näherten sich langsam der Ortschaft Kleinbremen. Auch hier gab es viele Schneeverwehungen.

Zum Teil lag der Schnee mehr als einen Meter hoch. Sie konnten direkt auf dem Parkplatz vor dem Ausflugslokal parken, einige Helfer des Festwirts hatten ihn gerade vom Schnee befreit. Sie verließen das Bluesmobil und gingen ins Lokal. Dort, an der Theke, standen die anderen drei Musiker der Band, Eddie, Xaver und René. Sie begrüßten sich, das Sixpack war somit komplett. Klaus, der Festwirt, freute sich, die Band wiederzusehen und gab eine Runde Glühwein zum Aufwärmen aus.

Zahlreiche Gäste waren schon da. Die meisten kamen aus den umliegenden Ortschaften Bückeburg, Stadthagen, Eisbergen und Rinteln. Alle wollten sie beim diesjährigen Bockbieranstich dabei sein. Der Festsaal war schon gut gefüllt und Bernd Bosch und seine Weserländer heizten ihnen mit zünftiger Blasmusik kraftvoll ein.

Pünktlich um 12Uhr mittags, wie jedes Jahr, erfolgte der Bockbieranstich durch den Ortsbürgermeister Eduard Kleinmeier. Er benötigte zwei kurze, gezielte Schläge und das erste große Holzfass Weihnachtsbock war angezapft. Der kostbare dunkelbraune Saft floss in Strömen in die durstigen Kehlen der zahlreichen Gäste. Die Küche hatte inzwischen geöffnet und es gab leckere Spezialitäten aus der Region.

Um 14Uhr sollte es mit den musikalischen Darbietungen weitergehen. Die fünfköpfige A-Capella-Gruppe Herzen in Terzen und ihr aktuelles Bühnenprogramm „Hilfe, meine Handtasche brennt!" standen auf dem Programm.

Aber die Band war noch gar nicht vor Ort. Durch den extremen Wintereinbruch lagen sie wohl irgendwo auf der

A2 fest. Der Festwirt machte sich Sorgen und wurde ungeduldig. Es war inzwischen kurz nach 14 Uhr 30. Nun musste etwas passieren, denn auch die Gäste wunderten sich über die lange Pause und wurden unruhig.

Der Festwirt entschied nach Rücksprache mit dem Bürgermeister, nicht mehr länger auf die A-Capella-Gruppe zu warten. Der Programmablauf wurde kurzfristig geändert. Jetzt sollte die Sixpack Bluesgang erst einmal spielen und danach die Herzen in Terzen. Der Bandmanager Werner Gpunkt informierte die Band. Kein Problem, meinte der Bandleader und Gitarrist Boni M. Sie wären bereit und könnten auch ein nettes Vorprogramm zur Einstimmung der Gäste präsentieren. Es würde bestimmt gut ankommen. Der Festwirt sprach mit dem Manager der Band über den neuen Konzertablauf. Sie einigten sich schnell. Geplant waren jetzt sechs halbstündige Sets mit zwanzigminütigen P & A Pausen (Pinkel- und Auffrischpausen) dazwischen.

Die nötigen Vorbereitungen wurden eiligst getroffen. Dann ging es los mit dem „Vorprogramm" der Sixpack Bluesgang. Es erklang Musik aus der Anlage, viel zu laut. Abgespielt wurden Stücke des großartigen Hans Albers. Klassiker wie „Hoppla, jetzt komm ich", „Komm auf die Schaukel Luise", „Beim ersten Mal, da tut's noch weh", „La Paloma". Ja, das kam bei den Gästen gut an. Begeisterung kam auf, die ersten Paare begannen zu tanzen. Die Krönung war das Stück: „Flieger, grüß' mir die Sonne!"

Die Musik wurde noch lauter. Da erschien auf der Bildfläche ihr Standschlagzeuger Albert in voller Lebensgröße. Einige waren irritiert, viele hörten auf zu tanzen, guckten erstaunt und wussten mit dieser Erscheinung nichts anzufangen.

Er trug einen langen schweren, grauen Ledermantel aus alten Wehrmachtsbeständen, ein langes Beinkleid, eine Fliegerkappe aus der zwei Drumsticks emporstachen, eine überdimensionierte Sonnenbrille, darunter noch eine kleinere, zwei unterschiedliche Turnschuhe (einen roten und einen schwarzen, Marke Converse), dazu weiße Socken mit Kuhmuster. In der rechten, weit nach oben erhobenen Hand hielt er einen roten Modell-Doppeldecker aus Sperrholz. Damit ging er durch die tanzende Menge, drehte und wendete sich, und kam zurück vor die Bühne, wo er mit einer kreisenden Armbewegung (wie ein Pete Townsend) das Flugzeug zum Absturz brachte. Es zerschellte auf den Saalfußboden. Albert kniete sich auf dem Boden vor dem Flugzeug hin. Er griff in seine linke Manteltasche, nahm eine Tube Pattex heraus, öffnete sie und spritzte ein wenig auf das Flugzeug. Dann entnahm er der rechten Manteltasche eine Schachtel Streichhölzer und zündete es an. In diesem Moment eilten mehrere Saalordner (von der Ortsfeuerwehr Kleinbremen, ehrenamtlich tätig) herbei. Einer von ihnen hatte einen Feuerlöscher in der Hand. Mit einem kurzen, gezielten Strahl war das Feuer gelöscht. Daraufhin entstand ein Handgemenge zwischen Bandmitgliedern, einigen Gästen und den Saalordnern.

Einer der heranstürmenden Saalordner konnte von den Roadies abgefangen werden. Sie hielten ihn fest, und der Bandmanager Werner Gpunkt flößte ihm kurzerhand einen Krug Weihnachtsbock mit Schuss (der gute 54% Pott-Rum) ein. Völlig benommen torkelte der Ordner aus dem Saal.

Der Schlagzeuger war über den Abbruch seiner Performance tierisch sauer. Er fühlte sich in der Ausübung seiner künstlerischen Freiheit eingeschränkt bzw. behindert. Es gab eine Diskussion, was das Ganze überhaupt solle. Der Festwirt kam hinzu und beruhigte die aufgebrachten Gemüter. Die Musik vom Band ging wieder an. Das Lied „Flieger, grüß' mir die Sonne" ertönte von Neuem.

Albert fing an zu tanzen und grölte laut mit. „Flieger, grüß' mir die Sonne, grüß' mir die Sterne und grüß' mir den Mond" und animierte die Zuschauer zum Mitsingen. Dann beschritt er die Bühne und machte seine Ansage. Die Musik vom Band wurde langsam ausgeblendet.

In einem Interview mit der Musikzeitschrift MDL wurde Albert von Rundbogen einmal gefragt, was er mit der ganzen „Performance" denn überhaupt beim Publikum erreichen wollte.

Hier sein Statement:

„Aufmerksamkeit und Irritation natürlich! Die ganze Performance ist eine skurrile Verquickung aus den Figuren Hans Albers und Manfred von Richthofen und vielleicht noch Billy Boy, der Kondommarke. Die Leute sind über mein Erscheinungsbild konsterniert, können es nicht einordnen. Dann die Musik vom Band mit herzergreifenden Melodien von Hans Albers. Ich fordere die Leute zum Tanzen auf, das erzeugt Aufmerksamkeit. Ich mag den „blonden Hans" und seine Lieder, bei dem Publikum kommt das gut an, besonders das Fliegerlied. Sie machen mit und es ist eine gute Basis da für das eigentliche Konzert. Vielleicht mache ich mal eine reine Hans Albers Coverband auf, einen Namen habe ich schon: „Die albernden Hansis". Ja, und die Geschichte mit dem Flugzeug ist eigentlich eine Hommage an den „Roten Baron" Manfred von Richthofen. Er war ein berühmter Jagdflieger im ersten Weltkrieg und flog einen roten Doppeldecker. Ich bringe das Flugzeug zum Absturz, kniee dann daneben auf dem Boden, hole die Pattextube raus und stecke es in Brand. Damit endet eigentlich die Vorstellung. Aber was soll eigentlich diese ganze Fragerei? Ich bin Künstler und muss mich nicht für jeden Scheiß rechtfertigen, klar!?"

Soviel also dazu. Das war ein Auszug aus dem Interview: „Die jungen Leiden des Standschlagzeugers Albert von Rundbogen". Erschienen in der Musikfachzeitschrift MyDingaLing (MDL), Ausgabe Nr. 2 vom April 1986.

Willst Du Spaß und Vergnügen,
dann trink Weserbock,
das soll dir genügen!

Hier nun der Original-Wortlaut seiner Ansage (bis auf ein Wort, bitte erraten und selber einfügen!):

Sehr geehrte Damen und Herren, liebe Samen und Sperm!

„Ich freue mich, dass Ihr so zahlreich hier erschienen seid. Bevor ich gleich die Kapelle vorstellen werde, möchte ich noch folgendes loswerden: Wir wissen nicht, was Herr Dr. Somma empfiehlt *(er griff in seine rechte Manteltasche und holte eine Schachtel Präservative, schwarz, Marke Billy Boy, heraus)*, aber wir empfehlen: Black Cat!, die schwärzeste Versuchung, seit es Gummis gibt. Denn: Stülpst du dir dieses Gummi über, denkst Du wohl, du seist ein _ _ _ _ _.“
Dieses Wort nun selber eintragen, es hat fünf Buchstaben.

„So, meine Samen und Sperm, bevor wir mit dem musikalischen Gemetzel beginnen werden, möchte ich noch kurz die Kapelle vorstellen.“

am Bass: Claus Underwood
an der Rhythmusgitarre: René Aftershave
an der Tuba, Mundorgel und am Alphorn: Xaver Overdrive
am Saxophon: Eddie Reddich
und an der Sologitarre und Gesang: Boni Moroni.

„Mein Name ist Alfred von Wundhoden, ich bin 27 Jahre alt, nicht geimpft und wenn ich einmal groß bin, möchte ich Polizeihund werden.“ Dann fing er laut an zu bellen.

Auch dieser B-Teil seiner Performance führte wieder zu Verwirrung beim Publikum. Alfred legte also seinen Ledermantel ab und man konnte sein langes Beinkleid nun voll bewundern. Eine lange, olivgrüne Unterhose mit seitlichem „Eingriff". Ein Geschenk vom Festwirt. Er verabreichte der Band einen Satz Unterhosen aus BW-Beständen. Am Oberkörper trug er ein schwarzes T-Shirt, vorn mit der silberfarbenen Aufschrift: „Lieber eine breitbeinige Sekretärin als einen engstirnigen Chef." Ich glaube, es war festgewachsen, er trug nie ein anderes.

Alfred schritt zu seinem Standschlagzeug. Die Band war bereit. Er zählte an und los ging es mit einer Nummer von Steve Miller, „Rockin' Me Baby". Im Saal wurde munter drauflos getanzt. Ein Tanzpaar hatte zu viel Schwung, kam ins Rotieren und fiel auf das über die Bühne hinausragende Alphorn. Es zerbrach in zwei Teile. Xaver war sehr bestürzt darüber. Das Alphorn, echte Handarbeit, war ein Erbstück. Er hatte es von seinem lieben alten Onkel Eduard aus dem Allgäu geerbt. Das gute Stück konnte aber wieder repariert werden. Das erste Set war bald vorüber, es endete mit einer Nummer von der Bluesband, „Talk To Me Baby". Die Band verließ die Bühne und schritt in die Garderobe.

Draußen schneite es inzwischen wieder. Es wurde erstmal ein Krug Bockbier zu sich genommen. Unterdessen waren alle Bandmitglieder wieder „voll auf Sendung". René erzählte von einem Freund, der ihm aus Kannabistaan ein geheimnisvolles grünliches Pulver mitgebracht hätte. Er sagte, es würde aus einem Kaktus gewonnen, der lange Zeit als ausgestorben galt, dem so genannten Kannabistaanischen Buschkaktus. Im Lateinischen wird er auch Buschicus Cactus Erectus genannt. Dieser besteht aus kleinen, festen Blättern mit Stacheln daran. Der Pflanze wird eine stark aphrodisierende Wirkung nachgesagt. Ungefähr vergleichbar mit der Spanischen Fliege, nur wesentlich stärker. Die Blätter kann man frisch vom Busch genießen, sollte aber vorher die Stacheln abtrennen (besser ist es!), schön kauen und dann runterschlucken. Am besten ist es aber, die Blätter erst zu trocknen und dann in einem Mörser zu Pulver zu zerstampfen.

Die Kannabistaanischen Ureinwohner nahmen den Kaktus für alle möglichen Feste, u.a. für Paarungsriten. Durch den globalen Klimawandel ist dieser Kaktus nun wieder in der kannabistaanischen Wüstensteppe anzutreffen.

Boni kam auf die glorreiche Idee, man könnte es zur Feier des Tages doch in einer größeren Runde ausprobieren. Die anderen Bandmitglieder waren auch schon ganz Feuer und Flamme und stimmten zu. René ging zu seiner Tasche, holte eine zugebundene Plastiktüte raus, machte sie auf und zeigte den anderen das enthaltene Pulver. Xaver äußerte den Vorschlag, es in das Bockbier zu mischen. Claus meinte dazu, dies sei eine gute Idee, man solle das Pulver in die Fässer verteilen. René sagte noch: „Aber passt auf mit der Dosierung!"

Die Aktion sollte nach Beendigung des zweiten Sets losgehen. Sie hatte auch schon einen Namen dafür: *„Grüne Ekstase"*.

Voller Freude ging die Band wieder auf die Bühne und rockte los mit der Nummer „Riot In Cell Block Nr. 9". Danach folgte It's All Over Now". Ein stark angetrunkener Gast wollte plötzlich auf die Bühne. Er wollte wahrscheinlich dem Alfred an die Wäsche gehen. Claus konnte ihn abwehren, indem er ihn mit seinem Bass mehrmals attackierte. Der Gast brach zusammen und wurde von zwei Saalordnern in eine der bereitstehenden Ausnüchterungskabinen gebracht. Der anwesende, hinzugezogene Landarzt Dr. Vollmann diagnostizierte einen Rippenbruch. Tja, dumm gelaufen. Nicht umsonst wird der Rickenbacker (Bass) auch der Rippenbrecher (Bass) genannt!

Es wurde trotzdem berauscht weitergespielt. Das Set endete mit der Nummer „Sweet Home Kleinbremen". Viele werden es unter den Titel „Sweet Home Chicago", eine alte Bluesnummer von Robert Johnson, kennen. Der Text wurde etwas abgeändert, die Nummer kam bei den Gästen gut an.

Die Band verließ die Bühne und ging in die Garderobe, die genau neben der von der A-Capella-Gruppe Herzen in Terzen lag. Sie waren immer noch nicht da. Wie sich später herausstellte, saßen die Herzen in Terzen infolge starker Schneeverwehungen tatsächlich auf der A2, Höhe Rehren, mit ihrem VW-Bus fest.

Inzwischen war es kurz nach 22 Uhr. Die Tür ging auf und Kommanda Kodi kam rein. Er hatte von einigen Gästen erfahren, dass die Autobahn aufgrund der starken Schneeverwehungen teilweise in beiden Richtungen voll gesperrt war. Andere erzählten ihm, dass Kleinbremen inzwischen eingeschneit und von der Aussenwelt völlig abgeschnitten sei. Der Schnee solle bis zu einem Meter hoch liegen. „Fein", sagte der Kommanda nur, „dann gibt es kein Entrinnen mehr!"

Die Aktion *„Grüne Ekstase"* konnte also beginnen. Die beiden Roadies Harry Hornschuh aus Ostermünchen und Prickelpit (durch seine charmante Art und sein prickelndes Aussehen – er wurde oft mit dem amerikanischen

Schauspieler Brad Pitt verwechselt – bekam er von der Band diesen Spitznamen verpasst) hatten schon das notwendige Handwerkszeug herbeigeholt. Prickelpit heißt eigentlich Franz Brettpickler und stammt aus Lauchhammer. Harry, Albert und Xaver schlichen sich in den benachbarten Vorratsraum, wo die nächsten Fässer Bockbier bereitstanden. Prickelpit und Vivi hielten vor der Tür Wache und gaben vor, ein Liebespaar zu sein. Eine Rolle, die Prickelpit gern spielte.

Mit einem Akku-Bohrer wurden ca. 15mm große Löcher oben in die Fässer gebohrt. Aus dem Titelblatt einer alten Penthouse-Zeitschrift wurde ein Trichter gefertigt. Sorgfältig wurde das Pulver auf die Fässer verteilt, bis nichts mehr übrig blieb. Alfred meinte nur: „Alles rein damit, lieber zu viel als zu wenig, das muss richtig knallen!" Jetzt mussten die Fässer noch gut durchgeschüttelt werden, damit sich die Substanz auch ordentlich verteilte. Vorher wurden die Löcher sorgfältig mit Kaugummi zugeklebt, zur Sicherheit wurde auch ein kleiner Streifen Gaffa-Tape darüber geklebt.

Alles war sozusagen im „grünen Bereich". Harry klopfte dreimal kurz an die Tür. Das war das Zeichen. Der erste Akt der Aktion *Grüne Ekstase* war erfolgreich abgeschlossen. Prickelpit klopfte zweimal kurz zurück, das bedeutete, „die Luft ist rein, ihr könnt alle rauskommen."

Zurück in der Garderobe wurde erst mal ein ordentlicher Krug Weserbock (noch ohne Pulver!) zu sich genommen. Man sagte „Prost!" und beglückwünschte sich zu der Aktion. René äußerte sich nicht über die genaue Dosierung der Substanz. Aber es war ohnehin zu spät dafür. Der gesamte Inhalt der Tüte (ein knappes Kilo) wurde verwendet.

Wie Alfred schon sagte: „Lieber zu viel als zu wenig!"

Kommanda Kodi kam voller Freude in die Garderobe und berichtete, dass die nächsten beiden Fässer gerade

„angestochen" würden. Die Band freute sich, der zweite Akt der Aktion *„Grüne Ekstase"* konnte also beginnen. Sie waren gespannt. Wann würde die Wirkung eintreten? Und wie würde das Publikum darauf reagieren? Der dritte Akt (also der Hauptakt) stand somit kurz bevor. Niemand konnte jedoch vorhersagen, wann er tatsächlich losgehen würde.

Die Band ließ sich noch ein bisschen Zeit mit dem nächsten Set. Das Bockbier, jetzt mit *„Grüner Ekstase"* vermengt, war wirklich lecker und so wurde schnell noch ein Krug angesaugt. Einige Mitglieder der Band waren schon ziemlich angedonnert und man freute sich auf das, was noch passieren sollte. Schon bald kam der Wirt in die Garderobe spaziert und fragte, wann es denn nun endlich weiterginge, die Gäste seien schon ungeduldig. Sie tranken aus. Und Kleinbremen war eingeschneit und von der Außenwelt abgeschnitten.

Die Band ging mit merkwürdigen, glasigen Augen wieder auf die Bühne. Das inzwischen vorletzte Set begann mit einer Nummer von den Beatles, „Day Tripper". Weiter ging es mit „Jesus Just Left Chicago" von ZZ Top. Man spielte munter drauflos.

Doch die Situation änderte sich schlagartig. Wie auf ein Zeichen hin rissen sich die Gäste die Kleider vom Leib. Und dann fielen sie wild übereinander her. Ja man kann sagen, wie die wilden Tiere. Es war unglaublich.

Eine fiebrige Geilheit überflutete den Festsaal und das gesamte Gebäude. Überall wo man hinschaute, sah man nackte, wild kopulierende Menschen. Sie waren völlig benommen, weggetreten, in anderen Welten. Die noch spielende Band wurde gar nicht mehr wahrgenommen. Die Band konnte bei dem Anblick, der sich ihr bot, auch gar nicht mehr weiterspielen. Auch sie erfasste diese fiebrige Geilheit. Mitten in dem Chuck Berry Stück „Oh Carol" brachen sie ab. Sie verließen die Bühne und machten mit.

Boni schrie noch etwas in die kopulierende Menge, so was wie:
„Das gewaltige Feuer der Lust in uns
kann niemand mehr löschen!"

Wie lange dieser Gruppenkoitus, diese Sexualorgie gedauert hat, weiß niemand mehr. Wahrscheinlich die ganze Nacht.
Am folgenden Morgen stand die A-Capella-Gruppe vor der Tür. Sie wurde von einer vierköpfigen Besatzung eines Schneeräumpanzers begleitet. Die Gruppe wäre fast in ihrem Bus erfroren, die Standheizung funktionierte nicht mehr. Sie wurden auf der Autobahn von den Bundeswehrsoldaten entdeckt. Sie konnten aus ihrem Bus, der in einer Schneewehe stecken geblieben war, gerade noch rechtzeitig befreit werden.
Die Mädels bekamen von den netten Soldaten erst mal heißen Tee mit Schuss zum Aufwärmen serviert. Danach wurden Ganzkörpermassagen verabreicht. Nach diesen „Erste Hilfe-Maßnahmen" ging es weiter Richtung Kleinbremen. Der Bus wurde einfach hinten an den Panzer gehängt und mitgenommen.
Die A-Capellas öffneten also die Tür zum Lokal. Eine feuchtwarme, samengeschwängerte Luft schlug ihnen entgegen, die einem fast den Atem verschlug. Sie gingen vorsichtig hinein. Hier und da sah man vereinzelte Alkoholleichen, die noch im Saufkoma lagen. Der Anblick

war noch zu ertragen. Es ging weiter, in den großen Festsaal hinein.

Was sich da vor ihren Augen bot, war schier unglaublich. Sie hielten den Atem an. Überall wo sie hinsahen, lagen nackte, schlafende Leiber, übereinander, nebeneinander, zum Teil noch in einer Kopulationshaltung. Die meisten von ihnen wurden gerade wach, wahrscheinlich durch den Luftaustausch, der nun durch die offenen Türen stattfand. Sie suchten derangiert ihre Kleidungsstücke zusammen, zogen sich an und verließen eilig und gesenkten Hauptes den Saal. Einer nach dem anderen, keiner sagte ein Wort. Sie hatten es wohl eilig. Es war Sonntag und keiner wollte den 10Uhr-Gottesdienst verpassen. Was hätte der Pfarrer wohl gedacht, wenn keines seiner „Schäfchen" in der Kirche gewesen wäre?

Die Soldaten waren mit der ganzen Situation völlig überfordert und wussten nicht so recht was sie tun sollten. Sie verständigten über ihre Funksprechanlage noch die Polizei und rückten ab.

Am späten Nachmittag kam eine Polizeistreife aus Minden vorbei und nahm erste Ermittlungen auf.

Alle weiteren Veranstaltungen für den Sonntag wurden vom Bürgermeister Eduard Kleinmeier abgesagt. Er war übrigens einer der wenigen aus dem Ort, der an der Massenorgie nicht teilgenommen hat, da er die Veranstaltung schon vorzeitig verlassen hatte.

Alle Gäste der Veranstaltung wurden von der örtlichen Polizeidienststelle in den nächsten Tagen verhört. Keiner konnte sich wirklich an etwa erinnern, außer, dass man sich unheimlich glücklich fühlte. Alle Teilnehmer hatten also einen sogenannten Filmriss. Die Ermittlungen wurden nach 3 Monaten ergebnislos eingestellt.

Eine Sonderkommission des Rauschgiftdezernats Hannover untersuchte ebenfalls die Rückstände in den Fässern. Sie konnten auch eine geheimnisvolle, hier bei uns unbekannte Substanz isolieren und sicherstellen, aber nicht weiter zuordnen.

Die Gruppe Herzen in Terzen konnte planmäßig ihre Tour fortsetzen und gaben am Sonntagabend in der Aula in Minden ein begeisterndes Konzert vor ausverkauftem Haus.

Die beiden Beichtstühle in der Kirche von Kleinbremen waren in den nächsten Tagen gut besucht.

Auch der Beichtpfarrer war geschockt von dem Vorfall und konnte es kaum fassen bzw. auch nicht verkraften. Ein halbes Jahr später verließ er die Gemeinde und ging für immer ins Kloster nach Andechs.

Der Tatverdacht gegen Aufbauhelfer und Mitglieder der Band Sixpack Bluesgang wurde fallengelassen.

1987 war übrigens das geburtenstärkste Jahr in Kleinbremen. Es gab nie wieder so viele Geburten.

... ... komisch, woran das wohl gelegen hat?

Bockbieranstich endet in Massenorgie

Unbekannte verübten Anschlag auf Bierfässer

Festwirt war eingesperrt

Bundeswehrsoldaten kamen zufällig vorbei

(MTB). Der traditionelle Bockbieranstich in Kleinbremen endete in einer Massenorgie.

Unbekannte Täter verübten am Samstagabend einen Anschlag auf die Bierfässer. Sie mischten unbehelligt eine geheimnisvolle, noch unbekannte Substanz in die Holzfässer. Diese hatte wohl eine stark aphrodisierende Wirkung auf die zahlreichen Besucher der Veranstaltung. Sie verfielen massenhaft in einen sexuellen Rausch, der zu einer Massenorgie ausartete.

Laut einer Zeugenaussage rissen sich die Gäste gegenseitig die Kleider vom Leib und fielen hemmungslos übereinander her. Am frühen Sonntagmorgen wurden sie von Soldaten eines Schneeräumpanzers entdeckt, die zufällig vorbeikamen.

Sie schleppten einen VW-Bus ab. Die Insassen, eine A-Capella Formation aus Hannover, waren auf den Weg nach Kleinbremen. Sie sollten eigentlich auf dem Bockbieranstich spielen. Auf der Autobahn sind sie aber in einer Schneewehe liegengeblieben.

Einige Stunden später wurden sie von den zufällig vorbeikommenden BW-Soldaten entdeckt. Sie waren stark unterkühlt und wurden ambulant versorgt.

Eine Putzfrau entdeckte am Abend bei Aufräum- und Säuberungsarbeiten in einer der Ausnüchterungskabinen den vermissten Festwirt der Veranstaltung. Er wurde zum Verhör nach Minden gebracht.

Laut ersten Aussagen wurde er angeblich von zwei maskierten Männern, sie trugen Pferdemasken, in eine Kabine gesperrt. Dort bekam er einen Bockbiereinlauf. Dann konnte er sich an nichts mehr erinnern.

Die leeren Bierfässer vom Bockbieranstich wurden noch am Sonntagabend von Polizeibeamten sichergestellt und zur KTU nach Stadthagen gebracht. Mit ersten Untersuchungsergebnissen ist frühestens am Freitag zu rechnen.

Unter dringendem Tatverdacht stehen einige Aufbauhelfer und Mitglieder der Band Sixpack Bluesgang aus Hannover. Die Ermittlungen laufen.

Informationen nimmt jede Polizeidienststelle entgegen.

Erste Untersuchungsergebnisse vom Bockbierdesaster am vergangenen Wochenende in Kleinbremen

Unbekannte Täter mischten eine stimulierende Substanz in die Bierfässer

Festwirt erstattet Anzeige

(**MTB**). Laut ersten Laborberichten handelt es sich um eine stark sexuell stimulierende Substanz, mit der das Bockbier verunreinigt wurde. Die Zusammensetzung ist aber außergewöhnlich. Laut Aussage von Herrn Dr. Samenzwang von der KTU Stadthagen ist diese Substanz in unseren Breitengraden völlig unbekannt.

Ersten vagen Vermutungen zufolge könnte das Pulver aus einem getrockneten Kaktus stammen, der aber eigentlich als ausgestorben gilt. Wahrscheinlich stammt es aus dem fernen Asien und wurde nach Deutschland geschmuggelt.

Zahlreiche Gäste der Veranstaltung wurden inzwischen von der Polizei verhört. Sie tappt aber weiterhin im Dunkeln und sucht nach Zeugen, die etwas Verdächtiges gesehen oder gehört haben könnten.

Informationen (auch anonym) nimmt weiterhin jede Polizeidienststelle entgegen.

Der Festwirt der Veranstaltung hat inzwischen Anzeige gegen Unbekannt wegen Körperverletzung und Verdienstausfall in Höhe von mehreren Tausend D-Mark erstattet.

DIE
WIRKLICH WAHREN GRÜNDE
WARUM MAN(N)
IN EINER TANZKAPELLE SPIELT
(1987)

Aus der Fachzeitschrift „Der Tanzmusikant"
(Ausgabe Bayern/Tirol)
vom Bayerischen Tanzmusikerverband

Der Bericht erschien in der Ausgabe 12/87
unter der Titelstory:

Ein Tanzmusikant packt aus:

**Warum man(n) in einer
Tanzkapelle spielt.**

Ein schonungsloser, schockierender Bericht:
Edmund Steuber im Gespräch
mit dem Tanzmusikanten
Alibert „Ali" Achmett
Bandleader der oberbayerischen
Tanzmusikkapelle

„Ali und seine obszönen Blähungen"

Anlässlich ihrer alpenländischen
Brauereitour 1987:
„Oh, wie schön das bläht!"

ALIBERT ACHMETT (37)
(genannt auch der „Sultan of Drink")

Bandleader der bayerischen Tanzkapelle
ALI UND SEINE OBSZÖNEN BLÄHUNGEN

(Foto: U. v. d. Brelie)

Zur Person:

Alibert „Ali" Achmett ist ein echter bayerischer Türke. Seine Eltern wanderten in den 1950er Jahren von Özdere, Türkei aus nach Bayern, direkt ins schöne Dietrahmszell. Dort eröffneten sie ein Metzgereifachgeschäft. In großen, fleischfarbenen Leuchtbuchstaben war an der Hausfassade des Geschäftes zu lesen: „Metzgerei Oh Ach Mett". Und darunter: Türkische Fleisch- und Wurstspezialitäten.

Es gab auch was für die „Hand", den sogenannten Döner, eine frischzubereitete, türkische „Handfood" Spezialität. In einer Papiertüte serviert. Den Bayern natürlich noch völlig unbekannt. Akan, der Metzgermeister, dachte sich auch einen Werbeslogan aus: So kommet alle und esset Döner, denn Döner macht schöner! Und nicht zu vergessen, den Dönerstag, wo es den Döner für die Hälfte gab.

Für die damalige Zeit war das eine echte Sensation. Wahrscheinlich war Dietrahmszell einer der ersten Orte in Europa überhaupt, wo sowas angeboten wurde. Da waren die Bayern in Sachen Esskultur ihrer Zeit weit voraus, es gab also nicht nur Semmelknödel und Weisswurscht.

1958 wurde ihr Sohn Alibert geboren. Er hatte mit Fleisch aber nichts am Hut. Kaum konnte er auf eigenen Beinen stehen und die ersten Schritte machen, zog es ihn zu den Tanzmusikkapellen. Sie hatten was Faszinierendes und strahlten eine magnetische Anziehungskraft auf ihn aus. Die Eltern entdeckten rechtzeitig das enorme, musikalische Potential des kleinen Alibert. Ständig musste er auch in irgendwelche Röhrchen blasen oder auf irgendwelche Gegenstände eintrommeln. Manchmal waren es sogar Rehrücken oder Schweinehälften.

Sie steckten ihn für einige Jahre auf eine Schule für Musikbegabte am Starnberger See. Dann spielte er in diversen Tanzmusikkapellen. Doch schon bald gründete er seine eigene Kapelle. Der inzwischen 55jährige macht seit fast 35 Jahren professionell Tanzmusik mit nahöstlichen Einflüssen. Zurzeit schreibt er an seiner Autobiografie: „Alle Wege führen nach Dietrahmszell".

<u>Das Interview (in original Bayrischer Mundart):</u>

Vorwort von Edmund Steuber (ES):

De Leid von ana Tanzmusikkapelln san meistns Musikandn, vo dene s'geistige und s'körperliche Gleichg'wicht net ganz im Normalzuastand pendlt. De Gründ dafia kennan vaschiedn sei. Da Ali vo da bekanntn Tanzmusikkapelln Ali und seine obszönen Blähungen sogt uns jeza wos dazua.

ES: „Ali, i deaf doch Ali song?"

AA: „Ja, freile."

ES: „Warum spuit ma denn in ana Danzkapelln?"

AA: „Ja, Mo is guat! 98 Prozent (achdaneinzg Brozend) vo de Musiker in boarische Danzmusikkapelln san Manaleid und 90 Prozent ham an überdimensionalen Durscht. Des is net selten da eigentliche Hauptgrund, dass ma in a soa Danzmusikapelln eisteigt. Da zwoade Grund is nadirlich da weibliche Aufbuz."

ES: „Moment, oans nochm andan! I mecht nomoi auf den erstn Grund näha eigeh. Wos moanst Du mit überdimensionalem Durscht?"

AA: „Des san sogenannte Druckbetanker oder oafacher ausdruckt Starktrinker! De schüddn si eanane Beich mit am Haufa Bier und Wein voi. Grod des Blosn in ana soichan Kapelln macht bsondas durschdig. Wia Du woaßt, bestät a jede Tanzkapelln aus oana Bläsersektion mit bonge, quetschte, g'hammerte, baucherte und gschdrekte Instrumente. De wean vo lungenkräftige Musikantn mit kabudde Trommefeja bedient. Ja, des dauande Blosn geht auf's Trommefell, so is des hoit amoi! De ständige Befeichdung von da Kehle is also ganz wichtig. I konn a Liad davo singa!"

ES: „Dang sche, des war scho moi sehr aufschlussreich. Kemma jez zum weiblichn Aufbuz."

AA: „Ja, da zwoade wichtige Grund, dass ma in ana Tanzmusikkapelle spuit, is da weibliche Aufbuz."

ES: „Erglär des bittschen unsare Lesa!"

AA: „Des konn i scho macha. Oiso, in da restlichn Welt sogt ma Groupies dazua. Wia so vui andane Sachan san aa de a boarische Erfindung, a wenn ma mia dazua „Marketenderinnen" song. Aba des konn si ja koana meagga. Weiblicher Aufbuz klingt oafach besser!"

ES: „Wos machan de dann a so?"

AA: „De ziang mit de Kapelln durch die Lande und gengan eanam Gschbusi in vui verschiednen Sachan zur Hand. Dazua mechd i jez ned mehra song."

ES: „Ok, vazej weida!"

AA: „Tatsach is, dass fast a jäde Kapelln mehra soichane Gschbusis hot. Sie schaung fesch aus, ham schmugge Dirndln o mid vui Hoiz vor da Hüttn und drong kloane Fassl mid ana hochbrozendign Flüssigkeit, meistns Enzian, um eahnane loggan Hüftn. Damit wead eahna Gschbusi vasorgt. Manchmoi a andane

Gäste. Davo obg'seng ham de Danzmusiker selber ollawei an Notvorrat dabei. De sogenannte Flachflaschn oda Flachmann. Es gibt grodrandige füa de Mannaleit, gwölbde fia de Weibaleit, wobei da Wölbungsgrod vo da Obaweitn vom Deandl obhängig is."

ES: „Ah ja, des is recht indressant. Sog amoi, wia schaugds eigndlich mid de Nodnkenntnisse aus?"

AA: „Des is a echts Problem bei de Danzmusikandn. De meistn san de Nodn völlig unbekannt."

ES: „Wirkle? Des hätt i mia jez ned dengt."

AA: „Ja, sogor de Wiefstn undda eahna wissen vo de Nodn bloß so vui, dass soichane gibt und dass wia schwarz gfarbde Kadoffekäfa auf fünf Linien hoggan."

ES: „Des host schee gsogt!"

AA: „I sog da, neilech hod oana vo unsane Musikandn Vierdlnodn fia z'schniddne Geidschein g'hoiddn!"

ES: „Unglaublich"!

AA: „Ja, beim Spuin a Nodnbladdl vor sich z'hom, macht hoit wos hea. Grod via de Zuahererschaft, a wenn ma damit nix ofanga konn. Des is ois bloß Tarnung. Denn auf dem Nodnbladdl liegd ganz wos andas aus. Meistns irgandwelche einschlägign Hochglanzmagazine wia Blähboy oder sowos. Na, es gibt koane Nodnkenntnisse."

ES: „Kam z'glam. Wos gibt's sonst no füra Gründe?"

AA: „No a wichdiga Grund is des sogenannte Schädelvakuum."

ES: „Wos vastäd ma do drundda?"

AA: „Des entstäd duach de in de oipmländischen Regionen vorkemanden Föhnwinde. Aus dem Schädlvakuum entwigglt si dann des sogenannte „I mechd jez unbedingt Danzmusikand wean"-Syndrom."

ES: „Ah ja, des is aba indressant."

AA: „Ja, i kenn koa Land auf dem Planeddn, des so vui Danzmusikandn bzw. Tanz- und Trachtnkapelln hod wia unser Bayern."

ES: „Do konn i bloß zuastimma. Wo ma a hikimmt, übaroi wead blosn!"

AA: „Genau. A no wichtigerer Grund san de krassn Temperaturunterschiede, de in de Oipmländer herrschn."

ES: „Des muaßt ma näha eaglean."

AA: „Ja, da Boar is nämle oiwei im Begriff, entweda z'schwitzn oda z'friern oda ois zwoa zo da gleichn Zeit z'doa. De vuin Danzmusiker probiern, dass des durch de Tanzmusi meglichst ausgleichan, wos net oiwei hihaut. Z'Deitschland gibt's übrigens Thermomeddafabriggn, de füa Bayern eigne, hochstabile Geräte entwiggld ham, wia mas sonst z. B. bloß an Innenschaudirn oda Hochöfa hernimmt. Normale Termomedda griang nämlich wega der hektischen Temperaturstürze in Bayern scho noch a boor Monat unheilbare Quecksilberinfarkte."

ES: „Des is ja unglaublich! Des hob i net gwußt!"

AA: „A wirklichs Broblem hod da Danzmusikand allerdings."

ES: „I bin gspannt wos füa oans?"

AA: „Ea konn net eiparkn."

ES: „Ah gäh!"

AA: „Ja, bsondas beim Arschlengeiparggn ham si scho vui übaschlong. Seit einiga Zeit laffan wissenschaftliche Untersuchungen, warum des bei de Danzmusikandn so oft vorkimmt. Vielleicht hod des wos mit dem Schädlvakuum z'doa. De Meinungen dazua gengan ausananda. Vielleicht is de Einparkschwäche aba a bloß a weidara Grund, um Danzmusikand z'wean. I woaß ah net."

ES: „Wia laft bzw. head so a Konzert bei eich auf? Kanddadst Du des mid a boor nedde, ausführliche Sätze beschreim?"

AA: „Tja, i brobiers amoi. Eiso, naddirlich wiagt si des Durschtverhoidn vo de Danzmusikandn auf de vo de Musikandn gschbuide Musi aus. De Standfestigkeit vo de oazelna, durschtigen Musiker, - moi obgseng vom Schlogzeiger, dea bei dem musikalischn Gemetzl auf da Bühne ja sitzt - wead langsam weniga. Mim Schaung griagd ma Probleme, und ah bei da Griffsicherheit gibt's Störungen. Zerst spuit und blost ma mundda drauflos, doch im Laufe vo so am Konzert finden se in da Glamma vom Nodnhoidda oft andane Sachan. Des kennan z. B. Bußgeldbescheide, Heiratsanträge, brauchte Undahosn, Netzstrümpf oda Undahoitsklang sei."

ES: „Des is ja fast net zum glam!"

AA: „Ja, olles scho dogwesn! Do ham si scho herzzerreißende Dramen mit fesche Deandln obgschbuit. Letztn Freidog im Wuidbohd Greit is oane vor da Bühne gstandn, in da linkn hand a gloans Buzerl, des grod glaffa is, und in da rechdn a Unterhaltsklage. Sie hod uns ganz wuadig o'gschaugt. Es hot si aba dann raus g'stellt, dass vo meine Blähungen koane war. Sie war einfach auf da foischn Vaanstaltung. Vielleicht soidad i a Buach davo schreim, es kannt hoaßn: „Des Greiz mid de Deandln."

ES: „Net schlecht, i glabs net!"

AA: „Ja, manchmoi fliang a Sachan auf d'Bühne. Neilich, beim letzdn Josefifest, is amoi a ganzer Rade dahea gflong kemma. Dea hod mein Baßbläsa dawischt, an Done aus Dieroi, der is glei ohnmächtig hintn über aufs Schlogzeig kippt. Do hamma s'Konzert fia a boor Minutn unddabrecha miassn. Da Done is dann wieda zu sich kemma und hot weida gschbuit. Da Festwirt hod fia d'Muse a Rundn Freibier spendiert. Wos macht des scho, do muaß ma duach!"

ES: „Wia gähtsn weida? I bin echt g'spannd!"

AA: „Aiso, mid dem Zerrn vo eahnane Instrumende steigan se de Danzmusiker dodal in eahna Spielwuat nei. Net z'vagessn da Sänger vo so ana Danzkapelln, der mit laude Lustschrei ins Miggro, komische Verrenkungen und eindeutige Gestn de stampfnde, klatschende, tobnde Zuhörerschaft o'macht. Der Anblick und des Wütn vo de Musika auf da Bühne bringan de Zuahörer in a völlige Ekstase."

ES: „Waaahnsinn!"

AA: Ja, wennes da sog. Genau des, wos a starke boarische Danzmusi braucht und a von da Zuahörerschaft gfordat wead: de absolute Ekstase!"

ES: „I back's net, vazähl weida, Ali!"

AA: „Oiso, da Saal is am übakocha. De Luft is hoaß und zum Daschnein. Auf da Bühne san ganz andere Temperaturn und Grüch ois wia im Saal. Vui Tanzmusiker ham mit Blähungen z'doa."

ES: „Des is ja greislich!"

AA: „Ja, und wenn da letzde Ton endlich vablosn is, gäht de Musi schwitznd, wagglnd und mit am sauban Ruaßn wegga vom Ort des Geschehens."

ES: „Und wos bassiat noch a soicham Aufdritt?"

AA: „Na ja, a boor miassn erst a moi undas Sauerstoffzeit."

ES: „Des is ja fruchtbar, äh, i moan furchtbar!"

AA: „Es is furchtbar, fruchtbar wead's erscht späda!"

ES: „Vazel ma des!"

AA: „Auf de andan wart scho da weibliche Aufbuz mid laude Juchaza und feichde Undahosal. De Gschbuses san ja oiwei bemüht, dass eanane Lieblingsmusikandn wieda aufrichdn, wos a meistns hihaut. Späda, wenn olle soweit wieda higricht san, gibt's dann no a entspannts Beisamen im kloana Greis."

ES: „A so."

AA: „Normalaweis wean mia aba vom Burgamoasta oda vom zuständign Gmoadiregda ins Oral Office eiglon."

ES: „Oral Office, konnst Du mia des no a bissl genaua erglärn?"

AA: „Wos, du kennst des net? As Oral Office is a Einrichdung, de da damalige amerikanisch Präsident Bill Clinton während seina Amtszeit im Weißn Haus eigfüat hot. Konnst Du Di no an sei Praktikantin, de Monika Lewinsky, erinnan? Wos kennst'n Du eigenlich? Na ja, is eh wurscht, jednfois warn de Bayern so begeistad davo, dass de sinnvolle Einrichdung glei übanomma ham."

ES: „Des is sinnvoi, vastäh. A ganz a andane Frog moi so dazwischn: Ham de boarischn Danzmusikandn und de Rock'n Roll-Musiker wos gemeinsam?"

AA: „Ja freile!"

S'Mei hoidn ...
a boor lange Minudn ...
nix bassiat ...
Nacha:

ES: „Is ja indressant, kanntatst Du mia des amoi genauer erglärn?"

AA: „ Ja, de Musi nadirle, obwoi de ziemlich undaschiedlich is."

ES: „Schee, und weida?"

AA: „Oiso, de Musi vo de Danzkapelln is ziemlich gebläselasteg, wia du woaßt. Mia arbat ma überwiegnd mid Blosinstrument,

Bass, Oiphorn und so weida. Bei da Rock n' Roll- Musikern eindeide de Giddarr im Vordagrund."

ES: „Und wos sonst no?"

AA: „Na ja, des ganze Drumrum."

ES: „Wos moanstn do damid?"

AA: „Beim Rock 'n' Roll-Musiker sans de Groupies mit Sex and Drugs and Rock 'n' Roll und beim Danzmusikanden is hoit da weibliche Aufbuz mit Wei, Wein und Gsangl. Im Grund is des Gleiche, ma nimmt bloß andare Wörter dafia." *(Anmerkung: zu Sex sagt der Bayer auch „schnackseln", etwa gleichbedeutend mit „bumsen")*

ES: „ No a Frog zum Schluss. Stichwort Samenkoller. A kurze Andwort bittschen. De Zeit laft, mei Schnitzl kimmt glei!"

AA: „Wos host Du Dia denn bstellt?"

ES: „ S' Tagesgericht, Reitbeaga Bierkutscherschnitzl mit Pommes und Solot."

AA: „Des klingt guat, des were a nehma, aba s'Greazeig lase liaba weg, z'gsund."

ES: „Ok, wos megstn z'dringa Ali, i gib oan aus."

AA: „Oh, dangsche, do sog i net na. De ham do übrigns a sauguats Bier.I konn dia an Josefi-Boog empfehln, der haut voi nei."

ES: „Heat si guat o. I bstell' glei a moi zwoa Maß."

AA: „Gloane gibt's ä net, mia san do in Bayern, dem Land des Bieres und da Blohsmusik!"

ES: „A so, ja freile."

a boor lange Minudn ...
nix bassiat ...

ES: „Ali, no amoi zum Schluss: Stichwort Samenkoller."

AA: „Ah ja, mia warn ja no gor net fertig, stimmt, da Samenkoller. Hob i scho wieda ganz vagessn. Bin scho dodal mit meine Gedangn im Josefi-Book eidaucht. Aiso, ganz kuaz, Samenkoller is do bei uns in Bayern koa Thema. I hob g'heat, dass im Nachbarland Deitschland vui Pop- und Rockbands des Broblem ham. Mei Tipp an Eich: Machts a gscheide Danzmusi und ois wead guat!"

ES: „A scheens Schlusswort, Ali. Dangscheen füa den offna und ehrlichn Ratsch. Jez woaß i a endlich, warum i KOA DANZMUSIKAND woan bin."

AA: „Bittscheen, aba des konn ja no wean!"

ES: „Des glaab i net. Prost!"

AA: „Prost. Hoch lebe de Danzmusi!"

Das Gespräch fand im Bräustüberl der Klosterbrauerei Reutberg in Sachsenkam statt.

Aufgezeichnet und niedergeschrieben von Gabi Ertel.
Freie Mitarbeiterin bei der Fachzeitschrift
„Der Tanzmusikant"

Und hier nun für alle, die nichts verstanden haben, die Übersetzung ins Hochdeutsche!

Vorwort von Edmund Steuber (ES):

Die Mitglieder einer Tanzmusikkapelle sind meistens Musikanten, deren geistiges und körperliches Gleichgewicht nicht ganz im Normalzustand pendelt. Die Gründe hierfür können sehr unterschiedlicher Art sein. Dazu jetzt Alibert „Ali" Achmett (AA) von der bekannten Tanzmusikkapelle Ali und seine obszönen Blähungen.

ES: „Ali, ich darf doch Ali sagen?"

AA: „Ja, nur zu."

ES: „Warum spielt man nun in einer Tanzmusikkapelle?"

AA: „Ja, Mann ist gut! 98 Prozent aller Musiker in den bayerischen Tanzmusikkapellen sind männlichen Geschlechts und 90 Prozent davon haben ein abnormes Durstverhalten. Das ist nicht selten der eigentliche Hauptgrund, um in eine Tanzmusikkapelle einzusteigen. Der zweite Grund ist natürlich der weibliche Aufputz."

ES: „Moment, eins nach dem anderen! Ich möchte nochmal auf den ersten Grund näher eingehen. Was meinst du mit abnormem Durstverhalten?"

AA: „Es sind sogenannte Druckbetanker oder, einfacher ausgedrückt, Starktrinker! Sie schütten sich Unmengen von Bier und Wein in ihre Leiber. Gerade das Blasen in einer Kapelle macht sehr durstig. Wie du weißt, verfügt jede Tanzkapelle über eine Bläsersektion mit gebogenen, gequetschten, gehämmerten, gebauchten und gestreckten

Instrumenten. Diese werden von lungenkräftigen Musikanten mit ruiniertem Trommelfell bedient. Ja, das ständige Blasen geht auf das Trommelfell, so ist das nun mal! Die ständige Befeuchtung der Kehle ist also sehr wichtig. Ich kann ein Lied davon singen!"

ES: „Danke, das war schon mal sehr aufschlussreich. Kommen wir jetzt zum weiblichen Aufputz."

AA: „Ja, der zweite wichtige Grund, um in einer Tanzmusikkapelle zu spielen, ist der weibliche Aufputz."

ES: „Erkläre das bitte unseren Lesern!"

AA: „Das kann ich tun. Also, In der restlichen Welt werden sie auch Groupies genannt. Wie so vieles andere sind auch sie eine bayerische Erfindung, auch wenn man sie hier bei uns eigentlich „Marketenderinnen" nennt. Aber das kann sich ja keiner merken. Weiblicher Aufputz klingt einfacher besser!"

ES: „Was machen die denn so?"

AA: „Sie ziehen mit den Kapellen durch die Lande und gehen ihren angebeteten Tanzmusikanten in vielerlei Dingen zur Hand. Ich will jetzt nicht näher darauf eingehen."

ES: „Ok, erzähl weiter!"

AA: „Jedenfalls verfügt fast jede Kapelle über mehrere von ihnen. Sie sehen fesch aus, tragen reizende Dirndl, haben schöne pralle Oberweiten und tragen ein kleines Fässchen mit einer hochprozentigen Flüssigkeit, meistens Enzian, um ihre lockeren Hüften. Damit versorgen sie ihren Liebling. Mitunter aber auch den einen oder anderen Gast.

Davon abgesehen tragen die Tanzmusiker immer einen Notvorrat bei sich. Die sogenannte Flachflasche oder Flachmann. Es gibt geradrandige für Männer und gewölbte für Frauen, mit verschiedenen Wölbungsgraden, die von der Oberweite der Frau abhängig sind."

ES: „Ah ja, das ist sehr interessant. Sag mal, wie schaut es eigentlich mit den Notenkenntnissen aus?"

AA: „Ein echtes Problem bei den Tanzmusikanten. Noten sind den meisten völlig unbekannt."

ES: „Wirklich? Das hätte ich jetzt nicht gedacht!"

AA: „Ja, selbst die Pfiffigsten unter ihnen wissen von den Noten nur so viel, dass es sie gibt und dass sie wie schwarz gefärbte Kartoffelkäfer auf fünf Linien hocken."

ES: „Das hast du schön gesagt!"

AA: „Ich sag' dir, neulich hielt ein Musikant meiner Kapelle Viertelnoten für zerschnittene Geldscheine. Stell dir das vor!"

ES: „Unglaublich!"

AA: „Ja, beim Spielen ein Notenblatt vor sich zu haben, macht halt was her. Gerade für die Zuhörerschaft, auch wenn man damit nichts anfangen kann. Das ist alles nur Tarnung. Denn auf dem Notenblatt selbst liegt etwas anderes aus. Meistens irgendwelche einschlägigen Hochglanzmagazine wie Blähboy oder sowas. Nein, es gibt keine Notenkenntnisse."

ES: „Kaum zu glauben. Was gibt es noch für Gründe?"

AA: „Ein weiterer, wichtiger Grund ist das sogenannte Schädelvakuum."

ES: „Was ist darunter zu verstehen?"

AA: „Es entsteht durch die in den alpenländischen Regionen vorkommenden Föhnwinde. Aus dem Schädelvakuum entwickelt sich dann das sogenannte „Ich will jetzt unbedingt Tanzmusikant werden"-Syndrom."

ES: „Ah ja, das ist sehr interessant."

AA: „Ja, ich kenne kein Land auf diesem Planeten, das so viele Tanzmusikanten bzw. Tanz- und Trachtenkapellen hat wie unser Bayern."

ES: „Da kann ich nur zustimmen. Wo man auch hinkommt, überall wird geblasen!"

AA: „Genau. Ein noch wichtigerer Grund sind die krassen Temperaturunterschiede, die in den Alpenländern herrschen."

ES: „Das musst du mir näher erklären."

AA: „Ja, der Bayer ist nämlich ständig im Begriff, entweder zu schwitzen oder zu frieren oder beides gleichzeitig zu tun. Die zahlreichen Tanzmusiker versuchen das durch ihre Tanzmusik möglichst auszugleichen, was ihnen nicht immer gelingt. In Deutschland gibt es übrigens Thermometerfabriken, die für Bayern eigene, hochstabile Geräte entwickelt haben, wie sie sonst z.B. nur an den Innenschautüren von Hochöfen verwendet werden. Normale Thermometer erleiden nämlich infolge der hektischen Temperaturstürze in Bayern schon nach wenigen Monaten unheilbare Quecksilberinfarkte."

ES: „Das ist ja unglaublich! Das wusste ich nicht!"

AA: „Ein wirkliches Problem hat der Tanzmusikant allerdings."

ES: „Ich bin gespannt, welches?"

AA: „Er kann nicht einparken."

ES: „Ach was!"

AA: „Ja, besonders beim Rückwärtseinparken haben sich schon viele überschlagen. Seit einiger Zeit laufen wissenschaftliche Untersuchungen, weshalb das bei den Tanzmusikanten so häufig vorkommt. Vielleicht hat es etwas mit dem Schädelvakuum zu tun. Die Meinungen dazu gehen auseinander. Vielleicht ist die Einparkschwäche aber auch nur ein weiterer Grund, um Tanzmusikant zu werden. Ich weiß es nicht."

ES: „Wie läuft bzw. endet so ein Konzert bei euch? Kannst du das mit ein paar netten, ausführlichen Sätzen beschreiben?"

AA: „Tja, ich will's versuchen. Also, natürlich wirkt sich dieses Durstverhalten der Tanzmusikanten auf die dargebotene Qualität der Musik aus. Die Standfestigkeit der einzelnen, durstgeplagten Musiker, – mal abgesehen vom Schlagzeuger, der während des musikalischen Gemetzels auf der Bühne ja sitzt – schwindet allmählich dahin. Das Sehvermögen wird getrübt, die Griffsicherheit erleidet Störungen. Noch spielt und bläst man munter drauflos, doch finden sich im Laufe des Konzertes statt der angeblichen Noten immer häufiger andere Gegenstände in der Klammer des Notenhalters. Dies können z.B. Bußgeldbescheide, Heiratsanträge, getragene Slips, Netzstrümpfe oder Unterhaltsklagen sein."

ES: „Das ist ja unfassbar!"

AA: „Ja, alles schon dagewesen! Da haben sich schon herzzerreißende Dramen mit netten Damen abgespielt. Letzten Freitag im Wildbad Kreuth stand eine vor der Bühne, in der linken Hand ein Kleinkind, das gerade laufen konnte, und in der rechten die Unterhaltsklage. Sie schaute uns grimmig an. Es stellte sich aber heraus, dass es von meinen Blähungen keinen betraf. Sie war einfach auf der falschen Veranstaltung. Vielleicht sollte ich ein Buch darüber schreiben, der Titel könnte heißen: Die Dramen mit den Damen."

ES: „Nicht schlecht, ich fasse es nicht!"

AA: „Ja, manchmal fliegen auch Gegenstände auf die Bühne. Neulich, beim letzten Josefifest, kam mal ein ganzer Rettich geflogen. Er erwischte meinen Tubabläser, den Anton aus Tirol, der ohnmächtig hintüber ins Schlagzeug kippte. Das Konzert musste für einige Minuten unterbrochen werden. Anton kam dann wieder zu sich und spielte weiter. Der Festwirt spendierte für die Kapelle eine Runde Freibier. Was macht das schon, da musst du halt durch!"

ES: „Wie geht es weiter? ich bin echt gespannt!"

AA: „Also, mit dem Zerren ihrer Instrumente steigern sich die Tanzmusiker völlig in ihre Spielwut hinein. Nicht zu vergessen der Sänger einer Tanzkapelle, der mit lauten Lustschreien ins Mikro, merkwürdigen Verrenkungen und eindeutigen Gesten die stampfende, klatschende, tobende Zuhörerschaft anmacht. Der Anblick und das Wüten der Musiker auf der Bühne bringen schließlich jeden Zuhörer in völlige Ekstase."

ES: „Waaahnsinn!"

AA: „Ja, das sag' ich dir. Genau das, was starke bayerische Tanzmusik braucht und auch von der Zuhörerschaft abverlangt wird: nämlich die völlige Ekstase!"

ES: „Erzähl weiter, Ali !"

AA: „Also, der Saal ist am Toben. Die Luft ist heiß und zum Schneiden. Auf der Bühne herrschen noch andere Temperaturen und Gerüche als im Saal. Viele Tanzmusiker leiden übrigens unter Blähungen."

ES: „Das ist ja grässlich!"

AA: „Ja, und wenn der letzte Ton endlich verblasen ist, verlässt die Kapelle schwitzend, schwankend und mit alkoholgeschwängertem Atem den Ort des Geschehens."

ES: „Was passiert nach solch einem großartigen Auftritt?"

AA: „Nun ja, einige müssen erst mal unter das Sauerstoffzelt."

ES: „Das ist ja fruchtbar, äh, ich meine furchtbar!"

AA: „Es ist furchtbar, fruchtbar wird es dann aber später!"

ES: „Erzähl es mir!"

AA: „Auf die anderen wartet schon der weibliche Aufputz mit lauten Entzückensschreien und feuchten Höschen. Die Groupies sind ja stets bemüht, ihre Lieblingsmusikanten wieder aufzurichten, was ihnen auch meistens gelingt. Später, wenn alle wieder soweit hergerichtet sind, findet meistens noch ein entspanntes Beisamensein im engsten Kreis statt."

ES: „Ich verstehe."

AA: „Ja, in der Regel werden wir aber vom Bürgermeister oder vom zuständigen Gemeindedirektor ins Oral Office eingeladen."

ES: „Oral Office, kannst du das näher erklären?"

AA: „Wie, du kennst das nicht? Das Oral Office ist eine Einrichtung, die der damalige amerikanische Präsident Bill Clinton während seiner Amtszeit im Weißen Haus eingeführt hat. Du erinnerst dich noch an Monica Lewinsky, seine Praktikantin? Was kennst du eigentlich? Na ja, ist auch egal, jedenfalls waren die Bayern davon so begeistert, dass sie diese sinnvolle Einrichtung gleich übernommen haben."

ES: „Das ist sinnvoll, ich verstehe. Eine ganz andere Frage mal zwischendurch: Gibt es Gemeinsamkeiten zwischen dem Tanzmusikanten hier in Bayern und dem Rock 'n' Roll-Musiker in der restlichen Welt?"

AA: „Ja!"

Schweigen ...
Einige lange Minuten ...
Nichts passiert ...
Dann:

ES: „Interessant, könntest du sie mir mal erläutern?"

AA: „Ja, die Musik natürlich, obwohl die sehr unterschiedlich ist."

ES: „Schön, und weiter?"

AA: „Nun, die Musik der Tanzkapellen ist sehr gebläselastig, wie du weißt. Wir arbeiten überwiegend mit Blasinstrumenten, Tuba, Alphorn und so weiter. Bei der Rock 'n' Roll-Musik stehen eindeutig die Gitarren im Vordergrund."

ES: „Und sonst noch?"

AA: „Nun ja, das ganze Drumherum."

ES: „Was meinst du damit?"

AA: „Beim Rock 'n' Roll-Musiker sind es die Groupies mit Sex and Drugs and Rock 'n' Roll und beim Tanzmusikanten ist es halt der weibliche Aufputz mit Weib, Wein und Gesang. Es ist im Grunde genommen das Gleiche, man benutzt nur andere Wörter dafür."

ES: „Noch eine Frage zum Schluss. Stichwort Samenkoller. Ich bitte um eine kurze Antwort. Die Zeit drängt, mein Schnitzel kommt gleich!"

AA: „Was hast du dir denn bestellt?"

ES: „Das Tagesgericht, Reutberger Bierkutscherschnitzel mit Pommes und Salat."

AA: „Das klingt gut, das werde ich auch nehmen, aber das Grünzeug lasse ich lieber weg, zu gesund. Mir fällt gerade ein, ich habe heute noch gar nicht gefrühstückt."

ES: „Ok, was willst du trinken Ali, Ich geb' einen aus."

AA: „Oh, danke, da sage ich nicht nein. Die haben hier übrigens sehr leckeres Bier. Ich kann dir den Josefi-Bock empfehlen, der zieht voll rein."

ES: „Hört sich gut an. Ich bestell' gleich mal zwei Große."

AA: „Kleine gibt es eh' nicht, wir sind hier in Bayern, im Land des Bieres und der Blasmusik!"

ES: „Ach so, ja."

Minutenlanges Schweigen ...

ES: „Ali, nochmal zum Schluss. Stichwort Samenkoller."

AA: „Ach ja, wir waren ja noch gar nicht fertig, stimmt, der Samenkoller. Hab' ich schon wieder völlig vergessen. War schon völlig in Gedanken im Josefi-Bock versunken. Also, ganz kurz, Samenkoller ist hier bei uns in Bayern kein Thema. Ich hab' davon gehört, im Nachbarland Deutschland haben viele Pop- und Rockbands dieses Problem."

Mein Tipp an Euch:
„Macht ordentlich Tanzmusik und alles wird gut!"

ES: „Ein schönes Schlusswort, Ali. Vielen Dank für dieses offene und ehrliche Gespräch. Jetzt weiß ich auch endlich, warum ich KEIN TANZMUSIKANT geworden bin."

AA: „Bitte, aber das kann ja noch werden!"

ES: „Das glaub' ich nicht. Prost!"

AA: „Prost. Hoch lebe die Tanzmusik!"

Das Gespräch fand im Bräustüberl der Klosterbrauerei Reutberg
in Sachsenkam statt.

Übersetzung ins Hochdeutsche von Gabi Ertel.
Freie Mitarbeiterin bei der Fachzeitschrift
„Der Tanzmusikant".

PAINT IT BLACK
IN MOELLENBECK
(1993)

Eine Episode aus dem Leben der Band

ROCKS OFF

ROCKS OFF (von links nach rechts):

Gordon Walker (Bass), Boisy Beefeater (Schlagzeug),
Chris Beam (Gitarre),
Tom Alien (Gesang), Fred Cane (Gitarre u. Gesang)

(Foto: BPA)

Die Rock´n´Roll- und Bluesrockband „Rocks Off" startete am 24. Juli in Moellenbeck ihre „Sympathy for the Devil" Tour.

Sie spielten, neben ein paar eigenen Titeln, überwiegend Rolling Stones Klassiker und Chuck Berry Songs. Der Name „Rocks Off" stammt aus dem gleichnamigen Song von dem Stones Album „Exil On Main Street" aus dem Jahre 1974 und bedeutet so viel wie „Abgewichst". Nach einhelliger Meinung eines ihrer besten Alben aus ihrer frühen Schaffensphase. Aufgrund der anstehenden Tour, die durch mehrere alte und neue Bundesländer führte, machte Barnie den Vorschlag, sich ein paar Tage vorher zu treffen, um alles in Ruhe zu bequatschen und vorzubereiten. Es waren einige Aufwärmgigs geplant.

Barnie Shoemaker, ein echter Schaumburger, arbeitete inzwischen als Tourmanager für die Band. Er machte daher den Vorschlag, sich für einige Tage in das Kloster von Moellenbeck zurückzuziehen um die Band für die bevorstehende Tour zu stärken und zu festigen. Die Mitglieder der Band waren davon nicht allzu begeistert, sie guckten ihn voller Entsetzen an.

„Wie, ins Kloster? Zurückziehen? Beten oder was?! Hast wohl nen Ei am Wandern! Wir sind eine Rock´n´Roll Band! Kommt gar nicht in die Tüte!"

Dann erzählte Barnie ihnen, dass es sich um eine Klosterbrauerei handelt, wo leckeres Bier gebraut wurde. Da horchte die Band auf und sie bekam große Augen. Es werden dort auch verschiedene Seminare angeboten, unter anderem ein fünftägiges Bockbierseminar. Barnie hatte dort seinen Bockbier-Führerschein erworben.

Diese Seminare waren auch bei den Urlaubern und Touristen sehr beliebt. Die Teilnehmerzahl war auf 20 Personen beschränkt und die Plätze daher meistens schnell ausgebucht.

Die Band stimmte dem Vorschlag daraufhin zu, aber sie brauchten noch das Ja ihrer Plattenfirma. Barnie nahm Kontakt mit Reiner Rock auf, dem Manager der Plattenfirma UMG (Umtataa-Music-Group), bei der sie unter Vertrag standen, worauf der den Ausflug mit dem Vorstand abklärte. Nach einigen Tagen war die Sache entschieden und es gab grünes Licht. Barnie buchte also für die Band und für sich das beliebte Bockbierseminar in der Zeit von Montag, den 19.7., bis Freitag, den 23.7. 1993. Er hatte Glück, er bekam die letzten sechs Plätze, das Seminar war somit ausgebucht.

Sie reisten gemeinsam am Sonntagabend an. Ihr aus der Türkei stammender Tourfahrer und Chefroadie Üksel Machmahall brachte sie mit dem VW-Bandbus nach Moellenbeck. Sie wurden vom Klosterzimmerwart Melchior auf drei verschiedene, spartanisch eingerichtete Doppelzimmer verteilt. Barnie teilte sich mit Gordon, dem Bassisten der Band, ein Zimmer. Er nahm als Erstes das über dem Bett, am Kopfende hängende, große Holzkreuz von der Wand. Aus Sicherheitsgründen, wie er sagte. Danach genehmigten sie sich gemeinsam einen Absacker im Klosterstüberl „Zum Himmel hoch" und gingen noch vor Mitternacht zu Bett.

Das Seminar begann am nächsten Morgen um 9 Uhr und dauerte bis 16 Uhr. Von 12 Uhr 30 bis 14 Uhr 30 war Mittagspause.

Hier nun das Seminarprogramm:

Montag

Begrüßung der einzelnen Seminarteilnehmer durch den Direktor der Brauerei Dr. Franz Heckenhauer und den Seminarleiter Klosterbraubruder Haslinger.

EinzigerTagespunkt:

Geschichte und Brauereikunst der Klosterbrauerei
Moellenbeck.

Dienstag

Heute steht eine praktische Trainingseinheit auf dem
Programm:

Saufen ohne zu kotzen – Ohne Training geht das nicht!

Tipp vom Seminarleiter: Vorher ordentlich frühstücken!

Mittwoch

Dieser Tag steht unseren Seminarteilnehmern zur freien
Verfügung, meist wird er zum Ausnüchtern genutzt.

Es werden verschiedene Freizeitaktivitäten angeboten.
Siehe Aushang in unserem Bräustüberl!

Donnerstag

Besichtigung der heiligen Stätten der Brauereikunst wie
Herstellung und Produktion.
Abschmeckung des kostbaren Gerstensaftes,
Abfüllung in die Fässer und Flaschen.

Freitag

Achtung, Seminarbeginn heute erst um 10 UHR!

Einziger Tagespunkt:

Mündliche Stellungnahme und eine Beurteilung der einzelnen Teilnehmer bezüglich des stattgefundenen Seminars mit anschließender Diskussion.

Um 12 Uhr Aushändigung der Zertifikate durch den Direktor der Klosterbrauerei Dr. Franz Heckenhauer.

Um 12 Uhr 30 gemeinsames Mittagessen und Verabschiedung der Seminarteilnehmer.

***

In den Sommermonaten Juni, Juli und August wird in der Klosterbrauerei der traditionelle „Moellenbecker Sommerbock" gebraut. Ein leichtes, erfrischendes, aber mit 6,6 lustigen Umdrehungen hochprozentiges bräunliches Gerstengebräu, das es nur in dieser Zeit gibt.

Was für Einbeck der Maibock,
ist für Moellenbeck der Sommerbock.
Prost!

Der Mittwoch stand den Seminarteilnehmern zur freien Verfügung. Es wurden verschiedene Freizeitaktivitäten von der Klosterleitung angeboten.

WERDEN SIE EINS MIT DER NATUR
Lustiges Unkrautjäten im großen klostereigenen Gemüse- und Kräutergarten
Arbeitshaltung: gebückt, auf den Knien
oder in der Hocke
Kosten: Keine
Arbeitsbeginn: nach Belieben.
Teilnehmerzahl: unbegrenzt

***

WAS PASSIERT MIT DEN LEEREN BIERFÄSSERN?
Im Lager zurückkommende, leere Bierfässer mit Hochdruck-Wasserdampf reinigen.
Gummianzug wird gestellt.
Kosten: Keine, dafür voller Arbeitseinsatz gefragt.
Arbeitszeit: 7-15 Uhr
Teilnehmerzahl: max. 6 Personen

***

SIE WOLLTEN SCHON IMMER MAL ALS AUSHILFSKELLNER ARBEITEN?
Eine Tagschicht im Klosterstüberl oder Biergarten als Aushilfskellner arbeiten. Eventuelle Trinkgelder bitte an das Kloster spenden.
Kostümierung wird gestellt.
Unkosten: 7,00 DM (für die Reinigung)
Arbeitszeit: 8-15 UHR
Teilnehmerzahl: max. 4 Personen.

WAS MACHT EIN MÖNCH EIGENTLICH DEN GANZEN TAG?

Finden Sie es heraus und begleiten sie ihn
einen ganzen Tag lang.
Kosten: keine
Arbeitsbeginn: 5 UHR (mit Beten)

***

ABSCHMECKEN BEI DER BIER-PRODUKTION

Unterstützen sie unseren Chefabschmecker
Mönchsbraumeister Bruder Balthasar beim Abschmecken
und Kontrollieren der Tagesproduktion.
Arbeitsbeginn: 7 UHR
Kosten: keine
dafür Trinkfestigkeit und Stehvermögen erforderlich!

***

DAS BIER AUSLIEFERN

Auf einem Bier-Truck mitfahren (als Beifahrer) und bei der
Bierauslieferung durch das wunderschöne Weserbergland
tatkräftig mit anpacken.
Kosten: 8,00 DM für Mittagstisch.
Arbeitsbeginn: 6 UHR
Auch hier voller Körpereinsatz gefragt.
Ende: hängt von der Tour ab!!
Teilnehmerzahl: pro Truck 2 Personen.

Auch der Fremdenverkehrsverein Wesertal hatte
interessante Freizeit- bzw. Ferienaktivitäten anzubieten:

TRETBOOT-RALLY

auf dem nahegelegenen Doktor-See.

BEGINN: 13 UHR - STARTGEBÜHR: 5,00 DM

+++

KANURENNEN

auf der wilden Exter

BEGINN: 13 UHR - STARTGEBÜHR: 5,00 DM

+++

RIESEN Floß-FAHRT

auf der Weser mit Grillen, Biertrinken und Live-Music.

Es spielen auf:

Das Duo „Die wilden Weserbuben"

Abfahrt: 11 Uhr 30 von der Badeanstalt Rinteln

KOSTEN: 25,00 DM

TEILNEHMERZAHL: max. 25 Personen

+++

ARSCHBOMBEN-TURMSPRINGEN-WETTBEWERB

Welche Arschbombe schlägt am besten auf und spritzt am
weitesten?

Machen sie mit und finden sie es heraus.

Ein vergnüglicher Spaß für alle Beteiligten.

Die beste Arschbombe wird prämiert.

Treffpunkt: Badeanstalt Rinteln am 10m-Turm

Beginn: 14 UHR - STARTGEBÜHR: 3,00 DM

+++

ZUSCHAUEN

beim Nachmittagstraining der

Damenfußball MANNSCHAFT

vom SC Schwalbe Moellenbeck mit anschließendem
gemeinsamen Duschen (incl. einer Piccolo Procecco).

ANPFIFF: 15 Uhr

KOSTEN: 9,00 DM (für Wasser und Seife)

ACHTUNG:
Auf Wunsch darf das Höschen der Duschpartnerin als
Andenken angezogen bzw. mitgenommen werden.
TEILNEHMERZAHL BEGRENZT: max. 11 Personen!
+++
WESER-DAMPFERFAHRT
mit Live-Music und Mittagstisch (frische Weserforelle mit
Salzkartoffeln und Erbsen). Mit dem Ausflugsdampfer
„INGEBORG" geht es nach Hannoversch-Münden und
zurück. Es spielen auf:
Ali und seine obszönen Blähungen
Tanzkapelle aus Bayern mit orientalischen Einflüssen
ABFAHRT: 9 UHR
Ankunft: in Rinteln ca. 17 UHR 30
Kaianleger Rinteln-Zentrum (an der Weserbrücke)
KOSTEN: 30,00 DM
+++
BEIDHÄNDIGER MEDIZINBALL-WEITWURF-WETTBEWERB
beim VTM (Vereinigte Turnerschaft Moellenbeck).
AUSTRAGUNGSORT:
Sportplatz des SC Schwalbe Moellenbeck
BEGINN: 11 UHR - STARTGEBÜHR: 5,00 DM

Die Band hatte sich schnell entschieden, nämlich für das
Duschen mit der Damenfußballmannschaft. 1987 war Barnie
schon einmal als ehrenamtlicher Betreuer und Höschenwart
für die Damenmannschaft tätig gewesen. Er begleitete sie
damals in ein Trainingscamp in Gargellen (Österreich), wo
sie sich auf die kommende Saison intensiv vorbereiteten.

Am nächsten Morgen beim Frühstück musste die Band aber
leider erfahren, dass kein Training stattfinden würde. In die
Asservatenkammer des SC Schwalbe Moellenbeck war
eingebrochen worden. Sämtliche Fußbälle und Tornetze

wurden von Unbekannten gestohlen. Selbst ihr Trainer „Django" - der mit bürgerlichem Namen Helmut G. hieß - hatte keinen Ball mehr zur Verfügung. Wahrscheinlich hatte ein verfeindeter Verein den Einbruch ausgeübt. Die Bandmitglieder mussten umdisponieren und entschieden sich für was Anderes, was Gemütliches, nämlich für die Kaffeefahrt mit Live-Music auf der Weser.

Am diesem Nachmittag traf auch Üksel mit der Tour-Crew, den Roadies Jochen, Ray und Ulli, in Moellenbeck ein. Sie brachten mit einem Truck das gesamte Equipment, Lichtanlage, Gesangsanlage, Verstärker und Instrumente, für die bevorstehende Tour mit.

Durch eine Konzertvorschau mit Bild im Schaumburger Wochenblatt wurde die Band allerdings von den anderen Seminarteilnehmern erkannt. Einige von ihnen baten um eine musikalische Kostprobe, also entschlossen sie sich, am Mittwochabend ein Konzert im großen Biergarten der Klosterbrauerei zu geben. Schließlich spielte auch ein waschechter Moellenbecker in der Band! Sie gaben ein einstündiges Unplugged-Konzert vor den begeisternden Seminarmittteilnehmern und einigen Gästen aus der Umgebung. Gespielt wurden zahlreiche Stones-Klassiker. Aus Rücksichtnahme auf die anwesenden Klosterbrüder spielten sie den „Cocksucker Blues" allerdings nicht. Der nächste Aufwärm-Gig für die anstehende Tour stand auch schon fest: Am Donnerstagabend spielten sie auf dem Marktplatz in Rinteln vor dem Ratskeller vor 500 begeisterten Zuhörern.

Am Freitag endete das Bockbier-Seminar. Für die erfolgreiche Teilnahme bekam jeder ein Zertifikat vom Direktor der Klosterbrauerei ausgehändigt, bis auf zwei Teilnehmer, die im praktischen Teil geschwächelt haben. Aber glücklicherweise war niemand von der Band. Der Direktor wünschte ihnen allen alles Gute und hoffte, sie im nächsten Jahr wieder begrüßen zu dürfen. Danach gingen sie geschlossen in den Biergarten zum abschließenden gemeinsamen Mittagessen. Auf der Karte standen Enger'scher Gänsebrustbraten in brauner Bockbier-Soße, als Beilage frische Moellenbecker Mohrrüben aus dem klostereigenen Gemüsegarten und Eisberger handgerollte Kartoffelkroketten. Dazu wurde das köstliche Sommerbock verabreicht. Es blieb allerdings nicht bei dem einen Sommerbock, sie versackten vielmehr im Biergarten. Fast hätten sie ihren letzten Aufwärm-Gig versäumt. Üksel brachte sie noch rechtzeitig nach Rinteln. Dort hatte ihre Plattenfirma im Hotel „Am Brückentor" die komplette sechste Etage für die Band und Anhang gebucht. Sie checkten ein, belegten ihre jeweiligen Zimmer und nahmen noch eine Dusche zur Erfrischung. Im Anschluss ging es weiter mit dem Tourbus nach Steinbergen ins Berghotel, wo sie schon zum Soundcheck erwartet wurden.

Sie spielten dort im Vorprogramm für die bekannte einheimische Big-Band „Carstens Stuhlgang und seine Swingenden Klobürsten", Rock'n'Roll, Blues und Swing mit deutschen Texten. Die Big-Band stellte ihre neueste CD, „Tanz auf der Kloschüssel", vor.

Rocks Off spielten ein knapp einstündiges Set mit Chuck Berry-, Stones- und eigenen Songs. Sie endeten mit dem Stück „Let's Spend The Night Together". Die Band räumte mächtig ab, im Publikum herrschte eine Bombenstimmung.

Danach schauten sie sich den Auftritt von Carsten Stuhlgangs Big-Band an. Carsten und Barnie kannten sich von früher, sie waren zusammen in Rinteln zur Schule gegangen.

Nach dem Auftritt fand noch eine Aftershow-Party in einem abgetrennten Bereich von der Hotel-Lounge, wo die Bands gemeinsam feierten. Carstens jüngere Schwester Claudia und ihre Freundin Anke, Bassisten der Punkband „Die Weserruther Ratten", waren auch dabei.

Auch einige lokale Prominenz tummelte sich auf der Party. Gesehen wurden die Bürgermeister der Ortschaften Rinteln und Steinbergen, das bekannte Fotomodell und Groupie Wilma Windholm, die Pop(p)sängerin Rosy Rosenholz und der aus Exten stammende Schauspieler Knarf Bayango. Später mischten noch einige edle Damen die Party auf: Sie kamen aus dem nahegelegenen Bordell „Zum Steifen" und hatten wohl gerade Schichtende.

Kurz nach Mitternacht waren alle Anwesenden ziemlich breit und betrunken. Selbst Üksel war so abgefüllt, dass er kein Auto mehr steuern konnte. Barnie, der auch schon einiges intus hatte, bot sich an, die Band ins Hotel zu fahren. Der erste Versuch, vom Hotelparkplatz zu kommen, scheiterte allerdings. Er hatte Schwierigkeiten, das Auto zu steuern. Nach einer halben Stunde an der frischen Luft versuchten sie es nochmal und schafften es diesmal. Sie verließen den Parkplatz und fuhren los. Vorne neben Barnie saß Claudia, auf der einen Rückbank hatten Tom, Wilma und Gordon Platz genommen, auf der anderen saßen Üksel und Anke. Der Rest der Band war schon mit dem Taxi vorgefahren.

Sie fuhren auf der Hauptstraße und alle redeten wirr durcheinander. Barnie war abgelenkt und achtete nicht auf die Fahrbahn. Seine Blicke galten mehr auf Claudia, genauer ihren schönen langen Beinen, die durch ihren knappen Minirock besonders zur Geltung kamen. Ihr Auto driftete immer mehr auf die andere Fahrbahnseite, als ihnen plötzlich ein Auto entgegenkam. Barnie konnte im letzten Moment das Steuer herumreißen, er streifte das entgegenkommende Auto dennoch mit der Längsseite. Dabei wurde der linke Außenspiegel abgerissen.

Barnie war wieder auf die richtige Fahrbahnseite gewechselt, blieb ganz cool und fuhr einfach weiter. Im Auto war es mucksmäuschenstill, keiner traute sich, etwas zu sagen.

Barnie schaltete das Radio an. Es ertönte laut: „Er hat ein knallrotes Gummiboot" von Wencke Myhre. Er machte es schnell wieder aus. Claudia musste tierisch anfangen zu lachen.

Barnie machte einen Umweg und fuhr über Schleichwege nach Rinteln, um zu sehen, ob sie verfolgt wurden. Er schaute dabei immer wieder in den Rückspiegel. Sie fuhren einmal um die Stadt herum und kamen vom Süden her hinein. Dort fuhren sie die Klosterstraße runter und an der Kreuzung, noch vor der Weserbrücke, bogen sie links ab. Barnie fuhr direkt vor das Hotel, bremste abrupt und übergab den Autoschlüssel einem Hotelbediensteten. Der guckte kritisch auf die vollgedröhnten Insassen und das merkwürdig aussehende Fahrzeug, trotzdem fuhr er es stillschweigend auf den Hotelparkplatz. Die Band ging währenddessen auf einen letzten Drink in die Hotelbar …

Am nächsten Tag wachte Barnie gegen 10Uhr morgens auf. Sein Schädel dröhnte und seine Hose spannte über der berühmten Morgenlatte.

Wo bin ich? Wie bin ich hierhergekommen? Er schaute sich verwundert im Zimmer um und blickte dabei auch auf den Allerwertesten von Tom, der nackt und engumschlungen mit einem langbeinigen Groupie auf dem Sofa lag. Beide schliefen tief und fest. Wer war das in Toms Armen? Barnie hatte keine Ahnung, nur eins war sicher? Da er das größte Zimmer bekommen hatte, war das leicht zu ersehen. Es war zweigeteilt und bestand aus einem Schlaf- und Wohnbereich mit einem Glastisch und einer großen, schwarzen Couchgarnitur aus Leder. Aber wie war er dahin gekommen?

Er schaute sich weiter um. In dem einen Sessel schlief Gordon, der Bassist. Unter dem Glastisch lag, nur mit einer Feinripp-Unterhose bekleidet, Chris, einer der beiden Gitarristen, und schlief tief und fest.

Auf dem Tisch standen diverse leere Sektflaschen Schlüpferberg Gold, Gläser, eine Flasche Jack Daniels, jede Menge volle Aschenbecher, Sternenstaub und anderes Krams. Anscheinend hat in Barnies Zimmer letzte Nacht noch eine kleine Party stattgefunden.

Schließlich stellte er erstaunt fest, dass er nicht allein im Bett lag. Genauer gesagt waren sie sogar zu dritt: Er war von zwei hübschen Frauen umgeben, auf der linken Seite lag Anke und auf der rechten Seite Claudia. Barnie schaute vorsichtig unter der Bettdecke nach. Beide waren wie er völlig nackt! Kaum war seine Morgenlatte abgeklungen, bekam er eine neue. Barnie stieg leise aus dem Bett, sein Rücken schmerzte. Er pfiff sich eine Aspirin rein, die er mit einem Schluck aus der Jack Daniels-Pulle herunterspülte, und ging ins Badezimmer.

Dort stellte er sich unter die kalte Dusche und stützte sich mit beiden Händen an der Wand ab. Plötzlich wurde das Wasser wärmer, obwohl er nicht am Regler gedreht hatte. Er wunderte sich, machte die Augen auf und drehte sich um. Vor ihm stand, nackt und in voller Schönheit, Claudia. Sie grinste ihn an. In der der rechten Hand hielt sie das gute Hotel-Duschshampoo und gab ihm etwas ab. Beide traten unter die warme Dusche und seiften einander ordentlich ein. Barnie bekam schnell einen Steifen. Claudia rieb seinen Schwanz an ihrem Bauch und dann an ihrer glattrasierten Muschi. Schließlich stellte sie sich mit dem Gesicht zur Duschwand, beugte sich weit nach vorne und stützte sich dabei mit den Händen ab. Sie wackelte auffordernd mit ihrem süßen, kleinen Po. Barnie ließ sich nicht zweimal bitten, konnte das alles gar nicht glauben! *Träum ich in Alp?! Oder ist das wirklich alles wahr?!*

Er drang in sie ein. Da er etwas kleiner gebaut war als Claudia, ging das wunderbar. Es dauerte nicht lange, da kam es ihm. Er krallte sich mit beiden Händen an ihren Hüften fest und stöhnte. Einige Augenblicke später kam auch

Claudia mit einem lauten Schrei zum Höhepunkt. Das Wasser lief immer noch. Sie stellten es ab, umarmten und küssten sich. Keiner sagte ein Wort.

Die beiden verließen die Dusche. Barnie streifte sich den dunkelblauen Hotel-Bademantel über und trocknete sich mit einem Handtuch die Haare. Claudia ging in den Schlafbereich und legte sich, nackt und feucht wie sie war, zu Anke ins Bett, um sie zu wecken.

Inzwischen war auch Tom mit seiner langbeinigen Blondine wach geworden. Barnie erkannte sie wieder. Es war Wilma, das bekannte Fotomodell. Die beiden legten sich Handtücher um ihre Leiber und verabschiedeten sich. Sie kamen aber nicht aus dem Zimmer, die Tür war noch abgeschlossen. Barnie schloss sie auf und die beiden verschwanden nach nebenan. Toms Zimmer lag direkt neben Barnies. Sie verabredeten sich für später in der Hotelbar.

Anke und Claudia waren inzwischen aufgestanden und ins Badezimmer gegangen. Anscheinend wollten sie ein wenig unter sich sein. Er mochte sie beide sehr und freute sich, dass sie noch da waren.

Dann ging Barnie zum Fenster und schaute gedankenlos hinaus. Ein blauer Himmel erstrahlte über ihm, es war nur leicht bewölkt. Barnie blickte nach rechts auf die nahegelegene Weserbrücke. Dahinter auf der anderen Flussseite konnte er die Freibadeanstalt von Rinteln erkennen. Dort herrschte schon reges Treiben. Dann blickte er geradeaus über die Nordstadt hinweg in die Ferne. Ganz hinten am Horizont konnte er den Wald mit dem Wahrzeichen von Rinteln, dem Klippenturm, erkennen. Er blickte zurück auf den Fluss. Ein leerer Ausflugsdampfer fuhr gerade vorbei. Kurz danach blickte er runter auf den Parkplatz, der zwischen dem Hotel und der Weser lag. Dort konnte er einige Gestalten wahrnehmen, anscheinend unterhielten sie sich laut. Zwischen ihnen lagen

Trümmerteile, eine zerborstene Bildröhre, wie er bei genauerem Hinsehen erkennen konnte. Plötzlich schaute eine der Gestalten hoch. Barnie erschrak, er kannte das Gesicht. Es war Rocko, der Manager ihrer Plattenfirma.

Das geht doch gar nicht! Was macht der denn hier?, fragte sich Barnie.

Er trat einen Schritt zurück, drehte sich um und schaute auf die leere Kommode. Da fiel es ihm wie Schuppen von den Haaren. Ja, der Fernseher! Tom, Gordon und Fred hatten ihn letzte Nacht unter großem Gelächter aus dem Fenster geworfen. Es war ein großes Röhrengerät von Telefunken, in Pahl-Kolohr!

Er musste grinsen und ging zum Tisch, kniete sich davor, fegte mit einer Kreditkarte die Reste vom peruanischen Sternenstaub zusammen und machte sich eine dicke Line fertig. Er teilte sie in zwei kleine und zog sie sich mit dem aufgerollten Geldschein in die Nasenlöcher.

Im Hintergrund hörte er Stimmen. Sie kamen aus dem Badezimmer. Barnie stand auf und schüttelte mit dem Kopf. Er fühlte sich schon besser.

Dann hörte er Gelächter und kurze laute Lustschreie. Anke und Claudia befanden sich noch immer im Badezimmer und vergnügten sich anscheinend unter der Dusche.

Barnie fragte sich: *Was machen die beiden da nur? Feuchte Spielereien oder was? Da wäre ich jetzt gern die Seife! Vielleicht sollte ich einfach mal nachsehen?*

In seinem Kopf malte er sich aus aus, was die beiden so anstellten. Wilde erotische Fantasien spielten sich in seinem vom Sternenstaub benebelten Hirn ab. Es kam zu einer erheblichen Ausbeulung seiner Hose im Urogenitaltrack. Man gut, dass er noch seine weite bequeme Pyjama-Schlafanzughose mit Zebramuster anhatte. Er griff in den seitlichen Eingriff seiner Hose und wollte gerade seinen erigierten Schwanz …

Da klingelte plötzlich laut und schrill das Telefon! In diesem Moment erwachte auch der unter dem Tisch liegende Gitarrist der Band, Chris, aus dem Koma. Er schnellte mit dem Kopf nach oben und knallte voll gegen die Glasplatte, fiel zurück und schlief weiter. Das sah so irrwitzig aus, dass Barnie bekam einen Lachanfall bekam.

Das Telefon klingelte immer noch. Er nahm den Hörer ab, konnte aber vor Lachen nichts sagen. Am anderen Ende der Leitung meldete sich verwundert Rocko. Barnie bekam sich nicht mehr ein und musste noch mehr lachen. Er ließ den Hörer fallen, der auf den Teppichboden landete. Aus der Hörmuschel drang es laut und aufgeregt: „Barnie, was ist los mit Dir! Kannst Du mich hören?! Alles fit im Schritt? Bist Du jetzt völlig durchgeknallt oder was? Hallo, hallo?"

Barnie glaubte das alles nicht. Erst steht Rocko unten auf dem Parkplatz und jetzt war er hier am Telefon?!

Er fragte sich: *Ist das alles wahr oder habe ich schon schwere Halluzies?*

Durch die Betrachtung dieser Möglichkeit kriegte er sich wieder etwas ein und hob den Hörer vom Boden auf.

Hier nun das Telefongespräch zwischen Barnie und Rocko:

Barnie: „Hallo, wer bricht, äh, ich meine wer spricht denn da?"

Rocko: „Ich bin´s, Rocko!"

Barnie: „Rocko, du? Wie geht´s? Kommst Du morgen zum Tourstart nach Moellenbeck?"

Rocko: „Wieso morgen? Morgen ist heute!"

Barnie: „Wie? Morgen ist heute?"

Rocko: „Ja, morgen ist heute, Mann!"

Barnie: „Echt?"

Rocko: „Ja, wir haben Samstag, Mann. Heute Abend geht es los! Was hast'n so alles zu dir genommen letzte Nacht?"

Barnie: „Ach, so einiges glaub ich."

Rocko: „Ja Mann! Was ist los mit dir?"

Barnie: „Nichts. Wo steckst Du denn?"

Rocko: „Ich bin hier im Hotel. Stehe unten an der Rezeption."

Barnie: „Was? Du bist hier?"

Rocko: „Ich hab schon mit Eduard 'nen Cappuccino getrunken."

Barnie: „Wer ist denn Eduard?"

Rocko: „Eduard Nitzler, der Hoteldirektor. Wir haben mal in der gleichen Firma gearbeitet."

Barnie: „Ist ja'n Ding!"

Rocko: „Er war ziemlich aufgebracht. Ich konnte ihn aber von seinem Vorhaben abbringen."

Barnie: „Wie jetzt, von welchem Vorhaben?"

Rocko: „Mann! Er hätte Euch am liebsten alle aus dem Hotel geschmissen!"

Barnie: „Wieso das denn?"

Rocko: „Mann Barnie, war wohl 'ne wilde Party letzte Nacht. Hast 'nen Filmriss oder was? Hotelgäste haben sich beschwert. Die Polizei war da. Einer von Euch hat in den Fahrstuhl gepisst. Du bist in der Bar in einem Glastisch gefallen."

Barnie: „Wer ich, in echt? (grinsend). Ach, daher meine Rückenschmerzen. Hab mich schon gewundert."

Rocko: (jetzt schärfer) „Und ein Zimmermädchen musste aus dem Lift gezogen werden. Sie ist von eurer Pisse ohnmächtig geworden! Ich sag Dir eins, die Kosten für die entstandenen Schäden werde ich euch von der Gage abziehen, auf den Pfenning genau! Das kannst Du aber glauben! Am besten du kommst gleich mal runter in die Hotelbar, dann können wir uns weiter unterhalten. Bist Du dazu schon in der Lage?"

Barnie: „Ja klar! Wie spät ist es eigentlich?"

Rocko: „Wir haben es kurz nach elf. Willst du das Jahr auch noch wissen?"

Barnie: „Nee, ist schon gut. Das reicht mir erst mal. Ich bin so in zehn Minuten unten. Bis gleich denn!"

Er legte den Hörer auf. Anschließend schaute er sich verwirrt im Zimmer um. Inzwischen war auch Gordon wach geworden, der gerade nach Chris schaute. Er zog ihn vom Glastisch weg und verabreichte ihm ein leichte Ohrfeigen - mit Erfolg. Chris kam zu sich und stand langsam auf.

Anke und Claudia befanden sich derweil noch im Badezimmer. Barnie konnte sie hören. Sie erzählten einander etwas, das er nicht verstand, und lachten.

Er wechselte sein Beinkleid und zog sich seine alte Mustang-Jeans an. Kurz darauf war auch Chris vollständig angezogen, er nahm noch einen Schluck aus der Whiskeyflasche und steckte sich einen Sticki an, den sie hastig rauchten.

Dann verließen sie das Zimmer und fuhren mit dem Lift nach unten in die Hotelbar, wo schon die anderen von der Band auf sie warteten. Sie bestellten das Frühstück „Charles Bukowski", bestehend aus einer Tasse Bohnenkaffee - schwarz natürlich - einen Asbach Uralt und einer Roth-Händle ohne Filter.

Wer jetzt noch fehlte war der Sänger der Band mit seinem langbeinigen Groupie. Wahrscheinlich standen sie noch gemeinsam unter der Dusche. Rocko rief ihn auf seinem Zimmer an. Tom meldete sich, er wollte gleich unten sein.

Sie nahmen in der Hotelbar Platz und kamen auf die letzte Nacht zu sprechen.

Rocko erzählte von dem genervten Hoteldirektor. Er konnte ihn ja beruhigen. Außerdem kannten sie sich von früher. Er bot ihm als Wiedergutmachung für den ganzen Ärger eine Nacht in einem hannoverschen Edelpuff an, mit allem, was dazu gehörte, und auf Kosten der Plattenfirma natürlich. Er nahm das Angebot an.

Dann erzählte er von dem Hotellift, der für einige Stunden außer Betrieb war. Eine Urinpfütze hatte einen elektrischen Kurzschluss verursachte. Es gab ein riesiges Gelächter, aber keiner sagte was dazu.

Ein Zimmermädchen konnte erst nach knapp anderthalb Stunden von Monteuren aus dem Lift befreit werden. Sie war durch den penetranten Gestank ohnmächtig geworden und musste aus dem Lift gezogen werden. Der herbeigerufene Hotelarzt Dr. Schorf konnte sie aber aus der

Ohnmacht retten. Sie bekam für den Rest des Tages frei. Norbert Nitzler hatte kein Verständnis dafür. Er war sehr sauer und hätte die Band am liebsten vor die Tür gesetzt.

Dabei war er doch selbst als Musiker tätig - allerdings als Blasmusikant. Er bediente die Posaune bei den Wilden Weserbuben!

Gleich darauf sprach Rocko den Tourbus an: die Fahrerseite völlig verschrammt, der Außenspiegel abgerissen.

Barnie meldete sich zu Wort und gab eine Erklärung dazu ab. „Üksel war zu breit, daher bin ich mit dem Bus zum Hotel zurückgefahren. Unterwegs hat uns wohl ein Ufo gestreift. Ich weiß es nicht mehr so genau, kann mich nicht mehr erinnern." Alle Anwesenden brachen erneut in lautes Gelächter aus ... bis auf Rocko.

Kurze Zeit später schauten Anke und Claudia in der Hotelbar vorbei. Sie verabschiedeten sich leider schon. Sie waren mit ihrer Freundin Petra, die übrigens als Kameraassistentin beim RFFS (Regional Fernsehen Freies Schaumburg) arbeitet, zum Schwimmen im Rintelner Freibad verabredet. Abends wollten sie dann zum Konzert nach Moellenbeck kommen.

Barnie freute sich über diese Aussicht. Inzwischen konnte er sich auch wieder an Einzelheiten der letzten Nacht erinnern ... Sie waren noch in die Hotelbar gegangen. Der Barkeeper Charlie, ein großer Stones-Fan, wollte eigentlich schon Feierabend machen, sie bestachen ihn jedoch mit Sternenstaub und er bereitete ihnen noch ein paar leckere Cocktails zu.

Barnie war nachher so abgedichtet, das er mit dem Rücken in einen der Glastische gefallen war, der laut zu Bruch gegangen war. Er war wieder aufgestanden, als wenn nichts gewesen wäre, und hatte nur gesagt: „Hoppla Hopp! Was war das denn?" Daraufhin war er zur Bar gegangen und hatte sich noch einen Gin-Tonic geholt.

Inzwischen war auch Tom zum Frühstück erschienen, allerdings ohne Groupie. Auf Barnies Empfehlung hin bestellte er sich ebenfalls das Frühstück „Charles Bukowski". Sie beendeten ihr Bandmeeting. Die Zeit wurde knapp. Heute war es endlich soweit: Start der Tour beim SC Schwalbe Moellenbeck. Die Band machte noch einen kleinen Ausnüchterungsspaziergang im nahegelegenen Rintelner Stadtwald. Dann brachte sie Üksel mit dem jetzt einseitig gestreiften Bandbus nach Moellenbeck. Der Hoteldirektor war übrigens schon sehr gespannt, was in der kommenden Nacht so alles passieren würde.

Es war ein herrlich warmer Sommertag mit angenehmen Temperaturen. Oder anders gesagt: Ein Wetter zum Helden zeugen!

Die Roadies hatten schon alles aufgebaut. Das Konzert fand im Halbdraußen statt: auf einer großen, überdachten Terrasse direkt am Sportheim. Gegen 18 Uhr machte die Band einen längeren Soundcheck, das Konzert sollte schließlich pünktlich um 19 Uhr 30 beginnen. Vereinbart waren drei Sets a´ 40 Minuten mit 20-minütigen Pausen dazwischen, aber fast wäre dieser Auftritt geplatzt.

Auf die Gesangsanlage wurde ein Anschlag verübt. Wie genau es dazu gekommen ist, lässt sich nicht mehr hundertprozentig nachvollziehen. Verdächtigt wurde einer von den Roadies, der für die Technik auf der Bühne zuständig war, aber Rock Sei Dank war der Gesangs- und Monitoranlage nichts weiter passiert. Es entstand eine heftige Diskussion auf der Bühne, die nur durch das massive Einschreiten von Barnie und durch das Hinzukommen von Django geschlichtet werden konnte.

Vielleicht waren es die Nachwirkungen von letzter Nacht, vielleicht lagen bei einigen die Nerven wegen des kurz bevorstehenden Tourneestarts blank - man weiß es nicht. Die Gemüter beruhigten sich jedoch wieder, die Bandmitglieder verließen nach dem Soundcheck die Bühne und gingen in den Umkleideraum vom Sportheim, der als Backstagebereich umfunktioniert worden war.

Kurz danach erschien Django nochmals und beglückte die Band mit einer Runde frisch gezapften, erfrischenden Sommerbocks. Dazu reichte er ihnen zur Beruhigung der Nerven einen Goldbecker Rachenputzer, ein hochprozentiger Kräuterschnaps.

Dann machten sie sich bühnenfein. Pünktlich um 19 Uhr 30 gingen sie auf die Bühne und legten mit der Stonesnummer „Start Me Up" los. Kurz vor Ende des Sets spielte die Band das Stück „Paint It Black".

Es war ein schöner Sommerabend, das zahlreich erschienene Publikum gut drauf - viele waren bereits ekstatisch am Abzappeln. Die Band steigerte sich immer mehr in das Stück hinein. Sie bekam gar nicht mit, was um sie herum geschah. Das ganze Phänomen dauerte nur wenige Minuten.

Der Zorn des Himmels

Der Himmel über dem Sportplatz von Moellenbeck zog sich plötzlich zu. Wind kam auf. Dicke, dunkle Wolken zogen auf und machten den zuvor blauen Himmel dicht. Auf einmal war es stockdunkel, als ob jemand einen schwarzen Vorhang zugezogen hätte. Schwere Blitze entluden sich dann aus den Wolken und schlugen nieder, einige in unmittelbarer Nähe zum Sportplatz. Der Wind wurde stärker und es fing an zu hageln. Die Band bekam von alledem nichts mit und spielte munter weiter. Der Hagel wurde heftiger, es entwickelte sich ein regelrechter Hagelsturm. Die Körner hatten zum Teil die Größe von Tennisbällen. Das draußen im Freien stehende Publikum flüchtete panisch auf die überdachte Terrasse. Die Hagelkörner hämmerten gnadenlos auf das Wellblechdach ein und es wurde immer lauter. Erst jetzt bekam die Band mit, dass etwas nicht stimmte. Sie wunderte sich, spielte aber weiter.

Die Terrasse wurde derweil immer voller. Nicht alle fanden einen Platz. Das Publikum drängte weiter nach vorne zur Bühne. Sie sahen nicht länger glücklich und zufrieden aus, stattdessen stand ihnen die blanke Panik im Gesicht. Tom, der Frontmann, flüchtete hinter das Schlagzeug, folglich hörten sie auf zu spielen. Sie waren umzingelt von Menschen. Das massive Hämmern auf dem Dach hörte schlagartig auf. Es hatte aufgehört zu hageln. Die Band schaute sich verwundert um. Was war hier los? Es herrschte totale Stille.

Dann drängte sich Django mit zwei Leuten vom Securitydienst zu der Band durch und erzählte ihnen aufgeregt, was los war. Viele Zuschauer verließen jetzt die Terrasse. Das Gedränge löste sich nach und nach auf.

Auch einige Mitglieder der Band stiegen nun von der Bühne und gingen mit Django ein paar Meter Richtung Sportplatz. Es war kaum zu glauben, der Platz war übersät mit Hagelkörnern.

So schnell wie das Unwetter aufgezogen war, war es auch wieder verschwunden. Es war so, als ob jemand eine Käseglocke über die Ortschaft gestülpt und dann wieder abgenommen hätte, nur dass es statt Glas (Käse) ein heftiges Unwetter war! Die dicken, schwarzen Wolken waren verschwunden und man sah den blauen Himmel mit der Abendsonne.

Wie durch ein Wunder war niemand zu Schaden gekommen, von zahlreichen Blechschäden abgesehen. Auch die zahlreichen Blitze schlugen, Rock Sei Dank, nirgendwo ein, wo sie Eigentum beschädigen konnten.

Bis auf den Biergarten der Klosterbrauerei Moellenbeck. Dort gingen mehrere Holztische und Bänke in Flammen auf. Die paar anwesenden Gäste konnten sich rechtzeitig ins

Klosterstüberl flüchten. Das Feuer konnte anschließend schnell von den Klosterbrüdern gelöscht werden. Es entstand lediglich Sachschaden. Das Flachdach der Terrasse vom Sportheim musste allerdings einige Wochen später erneuert werden. Das Ausbeulen hätte zu lange gedauert und wäre teurer gekommen.

Die Band ging zur Bierbude und bestellte sich während der Unterbrechung eine Runde Sommerbock. Tom meinte, dass das Ganze äußerst merkwürdig sei und ob das vielleicht was mit dem Stück „Paint It Black" zu tun haben könnte. Es war nicht das erste Mal, dass bei diesem Lied etwas Unvorhergesehenes passierte. Bei einem Auftritt in Leipzig war ihr Gitarrist Fred von einem aufgebrachten Fan mit dem Messer bedroht worden. Zwei Roadies hatten gerade noch rechtzeitig einschreiten und ein größeres Unglück verhindern können.

Bei einem Open-Air-Festival in Schillerslage waren sie von einigen Dorftrampeln mit Gülle gefüllten Präservativen beworfen worden. Glück hatten der Sänger, der am Bühnenrand stand und gerade hingebungsvoll eine Banane verspeiste, und der Schlagzeuger. Sie waren damals nicht getroffen worden.

Sie diskutierten einige Zeit darüber, einigten sich jedoch, das Stück noch nicht aus dem Programm zu nehmen, und gingen kurz danach zum Backstagebereich.

Dort trafen sie auf Barnie. Er hatte gerade ein paar Gäste begrüßt: Sein Bruder Ludger war mit seiner aus Mexiko stammenden Frau Gabriela eingetroffen. Die beiden waren direkt aus den nahegelegenen Ort Eisbergen gekommen. Sie hatten das Spektakel von dort aus gut beobachten können. Sie erzählten, dass wie aus dem Nichts schwarze Wolken über Moellenbeck standen, aus denen Blitze schossen. Dann fing es mächtig an zu donnern und zu hageln, sonst war der Himmel ringsum blau. Es war anscheinend nur dieser Ort betroffen. Die umliegenden Ortschaften wie Rinteln blieben eigenartigerweise verschont.

Ein zerbeulter Ford-Transit kam kurze Zeit später auf das Gelände gefahren. Es war ein Übertragungswagen vom Regional-Fernsehen-Freies Schaumburg (RFFS). Das Team wollte eine Reportage über den Tourstart der Band machen und war von dem plötzlichen Unwetter überrascht worden In einem nahegelegenen Wald konnten sie sich vor dem Unwetter in Sicherheit bringen. Auch sie waren geschockt und mussten erst mal einen Schluck nehmen.

Die Band trat wieder auf die Bühne und legte mit dem zweiten Set los.

Der restliche Abend verlief ohne weitere Zwischenfälle. Es wurde noch ein richtig schöner, langer Rock`n`Roll Abend ...

Nach dem Auftritt der Band fand sogar noch ein gemeinsames Duschen mit einigen Damen von der Fußballmannschaft statt. Dabei wurde nicht nur die Seife ausgetauscht!

BOISY´S
KLEINE BILDERGALERIE

zusammengestellt
von
Jo Rednas

(Schlagzeuger Albert von Rundbogen)

Zum Gedenken an Uwe Kolkmeyer

(Musiker, Karikaturist und Schnellzeichner)

26.07.1962 - 28.01.2017

Diese Karikatur bekam er 1987 von Uwe geschenkt. Die beiden spielten für kurze Zeit in einer Band. Leider viel zu früh gestorben.

Single - Cover Vorderseite

BO BERGLAND´S ERSTE (und letzte) SINGLE !

Single - Cover Rückseite

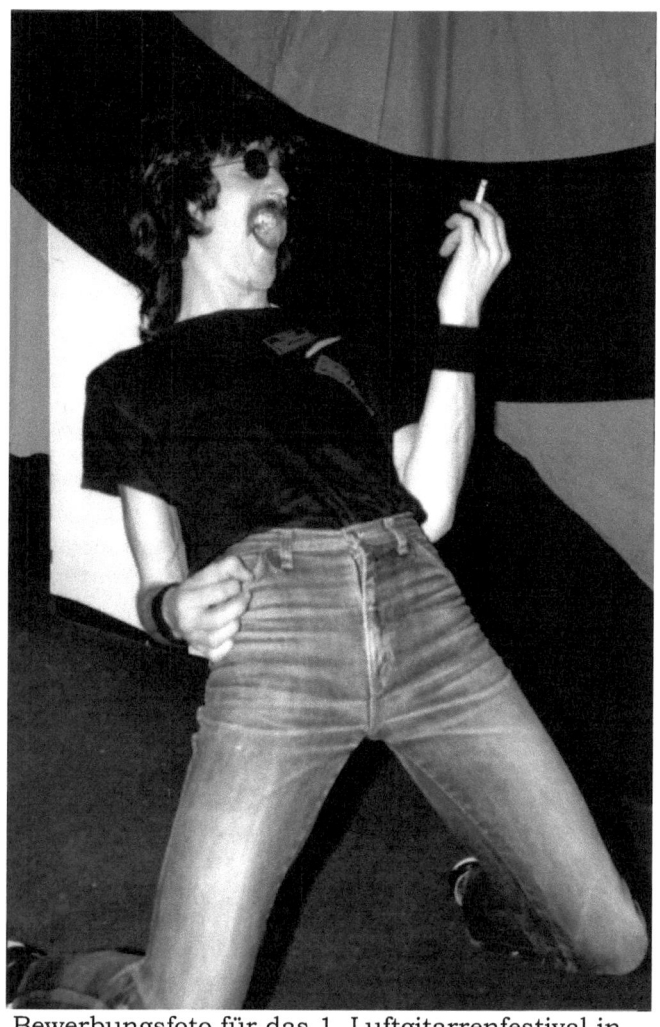

Bewerbungsfoto für das 1. Luftgitarrenfestival in
Fickmühlen
(hat aber leider nicht geklappt, wie schade!)

(Foto: Werner Gpunkt - 1987)

DIE KLEINANZEIGE

... und die Antwort!!

ROCKS OFF

v.l.n.r.: Boisy Beefeater (Schlagzeug), Chris Beam (Gitarre), Tom Alien (Gesang), Gordon Walker (Bass), Fred Cane (Gitarre, Harp)

Chris in Aktion

Boisy, Fred und Gordon

(Fotos: BPA)

Nicht orginal – aber live

MÖLLENBECK. „Habt ihr nicht ein paar Stones-Nummern drauf?" Eine Frage, die der Rock'n'Roll-Band „Rocks Off" aus Hannover oft gestellt worden ist.

Eine Frage, die die Fünfer-Formation mit einem dreifach kräftigen „Ja" beantworten kann. Sage und schreibe 50 Stones-Titel haben die Jungs drauf – und eine ganze Menge mehr aus dem Fach Rock, Blues, Oldies und Ohrwürmer.

Zu hören am Samstag, 24. Juli, 20 Uhr, in Möllenbeck auf dem Sportplatz im Rahmen der Sportwerbewoche des „SC Schwalbe".

Schaumburger Zeitung vom 21.07.1993)

Heute Rock-Konzert

MÖLLENBECK (km). „ROCKS OFF" heißt es heutigen Sonnabend beim SC Schwalbe in Möllenbeck. Und damit sind keineswegs – Tugendbolde können den Zeigefinger wieder einstecken — etwa irgendwelche anstößig-schlüpferischen Aufforderungen verbunden. Die Moralapostel freilich könnten trotzdem ein Haar in der Suppe sichten; denn das Konzert der Rock'n Roll und Bluesband (ab 20 Uhr) findet im Namen der „Sympathy For The Devil — Tour 93" statt. Doch auch hier kann weitgehend entwarnt werden: Das Quintett aus Hannover hat sich auf das Repertoire der „Rolling Stones" spezialisiert — gespielt werden selbstverständlich auch Stücke von „Sympathy For The Devil", einer der bekanntesten LP der Stones.

Damit auch andere Fans auf ihre Kosten kommen, hat die Gruppe unter anderem auch einige eigene Songs, gefühlvolle Bluestitel, melodiöse Balladen und ein paar immer wieder gern gehörte Oldies im Programm. — „ROCKS OFF" setzt sich aus fünf Herren mit Künstlernamen zusammen: Tom Alien (Gesang), Fred Cane (Gitarre, Harfe), Chris Beam (Gitarre), Gordon Walker (Bass) und Boisy Beefeater (Schlagzeug).

(Schaumburger Wochenblatt vom 24.07.1993)

184

Tom ließ die Hüften kreisen

tol MÖLLENBECK. „Let's spend the night together", unter diesem Motto stand der Disco-Abend am Samstag bei der Sportwerbewoche des SC „Schwalbe" Möllenbeck.

Als Live-Band hatten die Initiatoren, Helmut „Django" Giese und Bernd „Dr. Arndt" Eberwein, die Fünferformation „Rocks off" aus Hannover engagiert. Die Band heizte dem Publikum mit altbekannten Hits der Rolling Stones sowie eigenen Kompositionen ein.

Zum ersten Mal hatten die Möllenbecker eine Live-Band zu ihrem Disco-Abend geholt. Das Publikum war begeistert. Es ging voll im Takt der Stones-Songs mit und jubelte, als Sänger Tom Gießler seine Hüften in Mick-Jagger-Manier kreisen ließ.

Die Wahl traf nicht zufällig auf „Rocks off", am Schlagzeug spielt Jürgen „Boisy" Sander, der aus dem Klosterdorf stammt.

Da stürmten sogar die Nachwuchs-Rocker die Bühne.　　Fotos: tol

Am Schlagzeug ein waschechter Möllenbecker: Jürgen Sander.

(Schaumburger Zeitung vom 27.07.1993)

185

APRIL 1994

THE CHICAGO ALL STAR BLUES REVUE FEATURING

JOHN PRIMER * JIMMY DAWKINS
LESTER "MAD DOG" DAVENPORT
CORNELIUS BOYSON * RAY SCOTT

SUN 3rd

A TRULY ALL STAR CREW WHO HAVE COLLECTIVELY PLAYED ALONGSIDE ALL OF THE LEGENDS OF BLUES HISTORY. A UNIQUE OPPORTUNITY TO HEAR THE CREAM OF THE CONTEMPORARY CHICAGO BLUES SCENE

ROOSEVELT "BOOBA" BARNES
WITH BIG JOE LOUIS & HIS BLUES KINGS

 TUES 5th

FROM MISSISSIPPI, ONLY LONDON SHOW FOR THIS EXTRAORDINARY PERFORMER WITH HIS HOG-WILD & CATFISH FUNKY BLEND OF RAW & FIERCE BLUES.

SUN 10th

JAMES HUNTER & THE JOKERS

THE FORMER HOWLIN' WILF TAKES A BREAK FROM HIS WORK WITH VAN MORRISON AND TREATS US TO A NIGHT OF FINE, SOUL-INJECTED RHYTHM AND BLUES CLASSICS.

PAUL LAMB & THE KINGSNAKES

 TUES 12th

THE BLUES HARP PYRO-TECHNICIAN RETURNS WITH HIS MAGNIFICENT BLUES CREW FEATURING GUITAR-ACE JOHN WHITEHILL & FORMIDABLE BLUES HOLLERER CHAD STRENTZ.

FROM USA SONNY RHODES
ONLY LONDON SHOW

 SUN 17th

THE TEXAS SLIDE GUITAR TORNADO ROARS IN. A FORMER ALBERT COLLINS AND FREDDIE KING SIDEMAN INFLUENCED BY T. BONE WALKER & CHUCK WILLIS — NOW STEALING HIS OWN LIMELIGHT.

'BIG BOY' HENRY & FRIENDS
FEATURING GARY IRWIN, DAVE PEABODY &
THE BLUES KINGS

 TUES 19th

A WELCOME RETURN FOR THE IMMENSELY RESPECTED VETERAN BLUES LEGEND WITH A NIGHT OF AUTHENTIC & RIVETTING DOWN-HOME, BACK-PORCH BLUES & BOOGIE.

SUN 24th

THE BIG TOWN PLAYBOYS

PIANO POUNDING, SAXOPHONE HONKIN' RIP ROARING 40's & 50's RHYTHM N' BLUES FEATURING MORE & MORE ORIGINAL MATERIAL AS THE BAND GETS READY FOR THE NEW ALBUM.

ATLANTIC SOUL MACHINE

 TUES 26th

60'S SOUL DANCE CLASSICS PLUS FINE ORIGINAL SCORCHERS FROM LONDON'S REVAMPED KINGS (& QUEEN) OF SOUL GETS THE DANCE FLOOR JUMPIN'.

COMING UP IN MAY

SUN 1ST: DAVE KELLY BAND & CHRISTINE COLLISTER
SUN 8th: RAY GELATO AND THE GIANTS OF JIVE
TUES 10th: THE HOAX! — BACK BY PUBLIC DEMAND
SUN 15th: FROM LOUISIANA — JOE WALKER BAND
SUN 22nd: SUGAR RAY'S FLYING FORTRESS
SUN 29th: THE BIG TOWN PLAYBOYS

* DRINKS AT PUB PRICES! *
* OXFORD CIRCUS/TOTTENHAM COURT ROAD TUBES*
* PLENTY OF UNRESTRICTED PARKING AROUND CLUB OFF
NORTH SIDE OF OXFORD STREET *
* DISCOUNTS FOR STUDENTS, NURSES, UNWAGED,
MUSICIANS UNION, PARTIES & MEMBERS. *
* **LIVE** SHOWS FINISH IN TIME FOR LAST TUBES. *

FROM LOS ANGELES, CALIFORNIA

**THE PREMIER BLUES
AND BOOGIE BAND**

CANNED HEAT

on **MONDAY, 25th APRIL, 1994**

★ ★ ★ ★ ★

DR. FEELGOOD MUSIC BAR
KNIGHTSWICK ROAD, CANVEY ISLAND
ADVANCE TICKET £5.00

in der Dr. Feelgood Bar:
Henry V. von Canned Heat (hart am Getränk) während einer Pause.
Rechts daneben: Daisy

(Foto: BPA)

NEW LIVE ALBUM!
AVAILABLE 9th MAY

**RECORDED LIVE ON 24th & 25th JANUARY 1994
AT THE DR. FEELGOOD MUSIC BAR, CANVEY ISLAND, ESSEX**

Das Mai Programm 1994 in der:

DR. FEELGOOD MUSIC BAR

21 KNIGHTSWICK ROAD, CANVEY ISLAND, ESSEX
TEL: 0268 682318

MAY.

WED **4** 60s HIT MAKERS EVERLASTING LOVE AFFAIR RAINBOW VALLEY £3·00 DOOR

THUR **5** BLACK ★ STAR SOUND STARTS 8·00 RESIDENT SOUND SYSTEM ADD £2·00

FRI **6** THE BEST OF BAND ADD FREE ANOTHER CHANCE TO SEE \STAND SOME OF THE RUNNERS UP. !

SAT **7** D·J· YOUTH MAN. REGGAE ELVIS D^COSTA ALL NIGHT £2·00

SUN **8** INDIE NIGHT. ADD £1·50 BLUE GRASS. PLUS SUPPORT

MON **9** MUSICIANS 8·00 PM WORKSHOP ADD FREE

TUES **10** THE TICKETS NIGHT "BIRTHDAY LEE BRILLEAUX DATED £10 MEMORIAL CONCERT ALL DAY

WED **11** 70s PUNK BAND £5·00 THE VIBRATORS ON THE DOOR

THUR **12** BLACK ★ STAR SOUND MEETS JAH ITAL SOUND ADD £2·00 DOOR 8·00

FRI **13** BEST OF BAND ADD FREE ANOTHER CHANCE TO \STAND SEE SOME OF THE RUNNERS UP.

SAT **14** THE (BLUES REVIEW) £3·00. BROTHERS GRIMM ON DOOR

SUN **15** INDIE NIGHT. J·NOOFBACK RIMES OF REALITY £1·50 PLUS THE CHAINS DOOR

MON **16** MUSICIANS 8·00 PM WORKSHOP ADD FREE

TUES **17** QUIZ NIGHT ITS FREE TO ENTER

WED **18** THE RETURN OF TICKETS ?? ON DOOR £... EDDIE AND THE HOTRODS

THUR **19** BLACK ★ STAR SOUND RESIDENT SOUND ADD £2·00 8·00 STARTS SYSTEM

FRI **20** THE BULLET £2·00 DOOR ON BLUE'S BAND

SAT **21** TICKETS £5·00 £6·00 ON DOOR SULTANS OF PING

SUN **22** INDIE NIGHT ADD £1·50 SULPHUR. D·J NOOFBACK

MON **23** MUSICIANS 8·00 ADD FREE WORKSHOP

TUES **24** QUIZ NIGHT FREE ENTRY

WED **25** 9 BELOW ZERO ADV £3 ON DOOR £4

THUR **26** BLACK ★ STAR £2·00 MEETS THE FRUITS OF JAPHED SOUND 8·00 START

FRI **27** LIVE SOUTHERN ROCK £2·00 AGAINST THE GRAIN

SAT **28** A NIGHT OF REGGAE AND SKA WITH ELVIS D^COSTA GUEST'S ESKALATOR ADD YOUTH £3·00 ON DOOR MANAGER

SUN **29** INDIE NIGHT ADD £1·50 EMPEROR OF ICE CREAM PLUS MARG GRASS D·J· NOOFBACK

MON **30** MUSICIANS ADD FREE 8·00 PM WORKSHOP

TUES **31** QUIZ NIGHT FREE ENTRY

Music-Bar Bühne: hier mit der Anlage von Canned Heat

Barnie und Carol

draußen vor der Bar,
beim Postkarten schreiben.

Carol und Tina

(Fotos: BPA)

DAISY

Daisy von vorne ....

.... und die Seitenansicht
(man achte auf das sexy Strumpfband!)

„Ich kann es nicht ausstehen, mit Schlüpfern beworfen zu werden. Ich hasse es, wenn mir bei Balladen BH´s auf dem Kopf landen."

(Auszug aus MDL Interview, Foto: Helmut Klingenberg)

v.l.n.r.: Werner Gpunkt (Manager und Artdirektor), Harry Hornschuh (Licht & Tontechnik), Albert von Rundbogen (Schlagzeuger), alle von der Band Sixpack Bluesgang. Aufgenommen im Backstagebereich vom Flohzirkus kurz vor Konzertbeginn.

LIve im Frosch 1988 (v.l.n.r.): Claus, Rene´, Xaver und Boni
(Fotos: Helmut Klingenberg)

Sixpack Bluesgang (als Trio)) v.l.n.r.: Boni Moroni,
Albert v. Rundbogen, Claus Underwood

Sixpack Bluesgang (als Quintett), obere Reihe v.l.n.r.:
Albert v. Rundbogen, Rene´ Aftershave, Claus Underwood.
untere Reihe: Xaver Overdrive und Boni Moroni.
(Fotos: BPA)

Backstage zu späterer Stunde: Mick Sweetwood und Tony Ohm von der Band The Flying Pantyliner´s nach einem Auftritt im Music-Club „Chabalallah" in Beusel

Mick Sweetwood   Tony Ohm

(Fotos: Jo Rednas MDL 2014)

 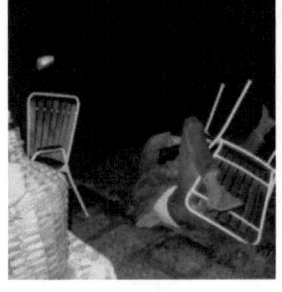

und ...   **jetzt alle ...**

LOCK´N´LOLL!!

(Fotoreihe: BPA)

Gargellen, in den Bergen von Österreich.

Ein heftiger Donner! Höschenwart Barnie bringt sich vor Schreck in Sicherheit und wartet auf den bevorstehenden, ultimativen Blitzeinschlag, der aber nicht erfolgte. So´n Pech aber auch.

- Buschicus Cactus Erectus -

Hier auf dem Bild ein bereits abgeerntetes Exemplar, also ohne die genussvollen Blätter. Galt lange Zeit als ausgestorben. Im Zuge des Klimawandels nun wieder in einigen Regionen anzutreffen, z. B. in Gebieten von Kannabistaan.

(Foto: BPA)

(Foto: BPA)

So, genug Bilder geschaut ...

sonst entsteht womöglich noch´ne totale
Reizüberflutung ...

also, weiter im Text!

DER ZWISCHENFALL II

Hannoversche Ungemeine Zeitung

* * HUZ * *

-Ungemein Abhängig+Parteilich+Bestechlich-
* seit Anno Tobak *
Hannover, Montag der 07. Aug. 1989

Von Amanda Lier

Sänger entblößte sich und wurde festgenommen

Wilhelmstein. Bei einem Gastspiel der Rhythm & Blues-Band Powerful Stuff am Samstag auf der Insel Wilhelmstein im Steinhuder Meer kam es zu einem Zwischenfall.

Bei dem Lied „Baby, Scratch My Back" ging der Sänger Jochen B. nach vorne zum Bühnenrand und fing an, sich zu entblößen. Er ließ die Hosen runter und zeigte dem erstaunten Publikum seine Delikatessen.

Kurz danach wurde er von zwei Beamten der Inselpolizei festgenommen und in eine Arrestzelle gesperrt.

Der Gitarrist der Band fragte kurzentschlossen beim Publikum nach, ob jemand singen könne. Es kam ein Besucher auf die Bühne und das Konzert konnte fortgesetzt und zu Ende gespielt werden.

Wie sich später herausstellte, handelte es sich bei dem spontanen Gesangskünstler um den regional bekannten Tanzmusiker Paul Pariser vom Mardorfer „MEER-PARISER" Duo mit Willibald Meer an der Orgel und Gitarre.

Letzten Meldungen zufolge soll der festgenomene Sänger der Band inzwischen gegen eine Kaution von 20.000 DM bis zur Verhandlung auf freiem Fuß sein. Dies wurde von Seiten des Managements der Band weder bestätigt noch dementiert.

Somit könnte ihre erfolgreiche „Full Time Lover Tour 89" fortgesetzt werden. Es handelt sich dabei um eine reine Insel(hopper)tour.

Wir drücken der Band die Daumen.

Vielleicht wusste der Sänger nicht wo er war, in Dänemark auf dem Roskilde Festival wäre sowas gegangen, ich denke da nur an den Sänger Dr. Hook, aber hier mitten auf der Insel Wilhelmstein? (d. A.)

Hier die nächsten Termine:

POWERFUL STUFF

<u>FULL TIME LOVER TOUR 1989</u>

12.08.
Helgoland, Lange Anna Festival

19.08.
Juist, Im Sanderling

26.08.
Usedom, Heringsdorfer Folk & Bluestage

27.08.
Rügen, Am Weinberg (Südhang), Weinköniginfest

29.08.
Amrum, Am Kniepsand

01.09.
Isle of Wight Festival

MUSIK VERBINDET
(1994)

„Ich bin davon überzeugt, dass Musik die
einzige Sprache auf der Welt ist,
die alle Menschen vereint."
(Papst Benedikt XVI)

Da hat der Papst nicht unrecht. Und viele Menschen werden da sicherlich mit ihm Kondom, äh, ich meine natürlich *konform* gehen. Auch ich möchte meinen (Löwen)Senf in Form einer kleinen Geschichte zu diesem Thema dazugeben. Dass Musik verbindet, ist ja nichts Neues, besonders wenn man auf die gleichen Künstler oder Bands abfährt. Dadurch entwickelt sich rasch eine gemeinsame Gesprächsbasis, auch mit wildfremden Menschen, die man noch nie zuvor im Leben gesehen hat, bestes Beispiel: auf Konzerten. Noch extremer ist es, wenn man selber Musik macht und in einer Band spielt. So kann man auch in Marokko oder Malaysia mit einheimischen Musikern musizieren und über die Musik auch miteinander kommunizieren.

Wir befinden uns an einem Sonntag im April im Jahre 1994 in der Nordstadt von Hannover in der Callinstraße. Auch Barnie hat zu dem Thema *Musik Verbindet* so seine Erfahrungen gesammelt.

Er beschloss sich nach dem Spätfrühstück so gegen 14 Uhr 30 zu einem Dämmerschoppen mit Live-Music. Es kamen dazu nur zwei Läden in Frage: Frosch oder Philharmonie. Er schlug in dem bekannten hannoverschen Stadtmagazin „Schädelsch(sp)alter" nach, um zu schauen was für Bands spielten und entschied sich für die Philli, denn dort war für 16 Uhr die hannoversche Countryband POWERMAN`S GRAVE angekündigt, unter anderem mit Uwe Pölitz am Bass und dem exzellenten Gitarristen Arndt Schulz.

Die letzte Nacht war kurz gewesen und Barnie musste sich noch sammeln. Er kam erst in den frühen Morgenstunden nach Hause gekommen. Wahrscheinlich war er wieder bis zum Schluss in seiner Lieblingsdisco, im Capitol, oder im Backstage unterwegs gewesen. Für den Dämmerschoppen wollte er sich noch kussfrisch machen, nach dem Motto:

Strahler 70 Küsse schmecken besser!

... Ältere von uns kennen bestimmt noch die bekannte Zahnpastawerbung aus den 1970er Jahren.

Gesagt, getan! Er stellte sich unter die erfrischende Dusche und reinigte seinen sündigen weißen Leib. Dann trank er noch einen Kaffee - schwarz natürlich - und begab sich mit seinem geschmeidigen Leib zur nächsten Straßenbahnhaltestelle: Schneiderberg. Es war ein ungemütliches Wetter, Regen fiel aus grauen Wolken herab. Schon bald kam eine Bahn und er fuhr bis Kröpcke Von dort ging er schnellen Fußes und durstiger Kehle in die Philli.

Das erste Set der Band war gerade vorbei und der Laden gut gefüllt. Barnie begrüßte die Band und bestellte sich ein anregendes Kaltgetränk in Form einer Gerstenkaltschale. Ja, ja, immer dieser Nachdurst! Er peilte nun die Lage im Laden und sah bei den Musikern der Band noch zwei Frauen - Groupies? - stehen. Eine der beiden trug ein schwarzes T-Shirt, eigentlich nichts Besonderes, aber der Aufdruck in weißen Buchstaben: DR. FEELGOOD MUSIC BAR CANVEY ISLAND.

Das machte ihn als alter Dr. Feelgood Fan natürlich neugierig. Anscheinend war die T-Shirtträgerin mit ihrer Freundin da. Barnie gesellte sich dazu und sie kamen ins Gespräch. Er fragte nach dem T-Shirt und ob sie nicht auf dem Damenklo - die sind meistens sauberer - einen sofortigen T-Shirt-Wechsel vornehmen könnten: *Du kriegst meins und ich kriege deins!*

Nein, das stimmte natürlich nicht! Das spielte sich nur in seinem Kopf ab! Vielmehr kamen sie kamen durch das T-Shirt und durch Dr. Feelgood ins Gespräch. Irgendwann zwischendurch stellten Sie sich vor. Ihr Name lautete Carol und ihre Freundin hieß Tina. Carol konnte zudem Bass spielen. Sie hatte einige Zeit mit Leerter Musikern zusammengespielt.

Sie erzählte, dass sie die Band Dr.Feelgood persönlich kennt und dass sie im April erneut mit ihrer Freundin nach Canvey Island reisen wollte. Dort in der Music Bar könnte man auch dieses wunderschöne T-Shirt erwerben. Barnie war begeistert.

Die Pause war inzwischen vorbei und die Band legte wieder los. Im zweiten Set stieg Carol auf die Bühne und sang ein Stück mit. Es war eine Nummer von Robert Johnson, „Standing at the Crossroads Again". Übrigens, es gibt auch eine Dr. Feelgood Version des Songs, zu hören auf der LP „Primo" von 1990.

Die drei blieben bis zum letzten Set und fuhren daraufhin mit Carols Auto nach Burgdorf. Dort gingen sie in eine Kneipe und nahmen eine Kleinigkeit zu sich. Anschließend brachten sie Tina nach Hause. Sie wollte nicht weiter mitkommen, da sie am nächsten Tag wegen der Uni früh raus musste. Barnie und Carol fuhren wieder zurück in die City von Hannover, es war jetzt kurz nach 22 Uhr. Disco-Zeit, Sunday-Night-Fever! Sie bogen ab in die Schmiedestraße, parkten dort und gingen in die Discothek „Röhre". Dort blieben sie aber nicht lange. Es war nichts los. Sonntagabend in Hannover, kannst du echt knicken! Sie blieben nicht mehr lange und Verliesen den Laden. Die beiden gingen auf die andere Staßenseite zum Auto und stiegen ein. Carol machte den Vorschlag, zu ihr nach Hause zu fahren. Barnie war natürlich damit einverstanden (Eine andere Möglichkeit wäre gewesen, zu ihm zu fahren. Aber so war es auch gut).

Fast die ganze Nacht haben sie sich diverse Bild- und Tonträger vom Doctor (Feelgood) reingezogen, aber auch andere Sachen. Sie haben die Nacht gemeinsam verbracht, aber nicht was ihr jetzt denkt - womöglich.

Zugegeben, die beiden haben es versucht, aber das Gummiüberstülpen klappte nicht so. Vielleicht waren sie auch zu breit. Sie haben es lieber gelassen und mit den

Händen andere Sachen getätigt. Man muss ja nicht immer gleich bumsen!

Das war ein Beispiel dafür, wie (schnell) Musik verbinden kann. Die große, gemeinsame, musikalische Vorliebe der beiden war hier die Band Dr. Feelgood.

Eine vollständige Verbindung wäre gewesen, wenn es auch zu einer Verschmelzung ihrer Geschlechtsteile gekommen wäre. Aber wer weiß, vielleicht beim nächsten Treffen!

Die beiden freundeten sich an und beschlossen, gemeinsam zu dritt Ende April nach Canvey Island zu reisen.

Das sollte Barnies erster England-Trip werden. Er war schon ganz aufgeregt.

DOWN TO THE (DOCTORS) CANVEY ISLAND (1994)

- Ein Reisetagebuch -

Tina und Carol

Barnie und Tina

- On The Road Again -

(Foto: BPA)

FREITAG, DER 22.04.1994

Endlich war es soweit, die Reise ging los!

Abflug vom Flughafen Hannover-Langenhagen um 12 Uhr 55 mit der Lusthansa-Maschine (Flug-Nr.: 4134) nach London-Heathrow. Von da aus weiter mit der U-Bahn bis Hammersmith-Station. Dort umgestiegen in die Linie Richtung Upminster. U-Bahnstation Tower Hill Station stiegen die drei dann aus. Von da aus ging es zu Fuß weiter, ungefähr sieben Minuten, zur Fenchurch Street. Daraufhin weiter mit der Eisenbahn, British Rail, bis nach Benfleet. Die restlichen Meter bis Canvey Island haben die drei mit dem Taxi zurückgelegt. Die Dr. Feelgood-Bar befand sich in der 21 Knightswick Road, Canvey Island (Essex).

Um 17 Uhr Ortszeit in der Bar angekommen, nahmen sie erst mal ein Erfrischungsgetränk zu sich und schauten sich um. Barnie fühlte sich gleich wohl hier und wollte die nächsten Tage schwerpunktmäßig in der Bar verbringen, sozusagen eine Kneipp-Kur.

Aber erst mal ging es weiter zum nahegelegenen „Kings-Camp", ein Campingplatz, wo die drei ein Chalee - ein kleines Ferienhaus - gemietet hatten. Sie packten ihr Gepäck aus und richteten sich ein. Barnie und Carol teilten sich ein Zimmer mit einem Doppelstock-Bett. Tina hatte ein großes Zimmer für sich. Den ersten Abend verbrachten sie natürlich in der Bar. Vom Campingplatz aus waren es nur 15 Minuten Fußweg. Dort war am diesem Abend Live-Music, Bandstand, angesagt.

SAMSTAG, DER 23.04.1994

Natürlich wurde erst mal schön ausgepennt. Ziemlich spät haben die drei ein kleines Frühstück zu sich genommen. Barnie wollte kurz danach unbedingt raus und hat einen Spaziergang über den Campingplatz unternommen. Carol und Tina wollten lieber entspannen und kamen nicht mit.

Barnie schaute sich draußen um, es regnete leicht. Die Saison hatte noch nicht begonnen und entsprechend wenig war los. Er verließ den Campingplatz und ging etwa 12 Gehminuten in den Ort Canvey mit einer Haupt- bzw. Einkaufsstraße. Er schlenderte die Straße einmal hoch und wieder runter. In einem Imbiss-Laden bestellte er sich Fish and Chips. Danach schaute er kurz in die Bar rein, die eine magische Anziehungskraft auf ihn ausübte. Er bestellte sich ein Bier an der Theke und schaute sich um.Außer ihm saßen noch zwei Gäste an einen der Tische und unterhielten sich laut. Barnie verstand aber nichts Er trank langsam sein Bier aus und ging zurück zum Campingplatz.

Die beiden Mädels saßen im Wohnzimmer und schauten Fernsehen. Sie hatten sich zwischenzeitlich nochmal hingelegt. Abends waren dann die drei zusammen in der Music-Bar. An diesem Abend spielte die Rhythm- and Blues-Band Crossfire. Gute Band, ging so in Richtung Steve Ray Vaughan. Die Bar war gut besucht und Barnie versuchte Kontakt mit der einheimischen Bevölkerung aufzunehmen.

Wo liegt denn nun Canvey Island?

Canvey Island ist eine Insel in der Mündung des Flusses Themse vor der Küste der Grafschaft Essex, England. Canvey Island ist auch der Name der Stadt auf dieser Insel, der allerdings häufig zu Canvey abgekürzt wird. In den 1970er-Jahren war Canvey Island das Zentrum der englischen Pub-Rock-Musikszene mit Bands wie Dr.Feelgood und Ian Dury and the Blockheads. Die Insel hat eine Fläche von ca. 18,45 Quadratkilometer und eine Bevölkerung von etwa 37.000 Einwohnern. Sie ist durch eine Brücke mit dem Festland verbunden. Der Name „Canvey" ist angelsächsischen Ursprungs und bedeutet „Insel des Cana", sodass das Wort „Insel" im Namen Canvey Island eigentlich zweimal vorkommt. Das erste Mal erwähnt wurde die Insel im Jahre

1255 als Caneveye. Canvey Island war ursprünglich ein Teil des Festlandes, bis die Küste in kleine Stücke brach. Die heutige Insel besteht aus fünf dieser Inselstücke. Aufgrund der geologischen Entstehungsgeschichte bestand für die Insel immer die Gefahr des Absinkens, sodass schon seit dem 14. Jahrhundert Deiche gegen das Wasser der Themse und der Nordsee gebaut wurden. Im frühen 17. Jahrhundert wurden niederländische Bauexperten ins Land geholt, um Land von der Themse zurückzugewinnen und die Verteidigungslinien zu stärken. Aus diesem Grund gab es in Canvey Island eine starke niederländische Gemeinschaft. Sie hat ihre Spuren in den örtlichen Straßennamen, Ortsnamen und der Architektur hinterlassen. Das war Barnie auch bei seinen Spaziergängen durch Canvey und Umgebung aufgefallen. Es hatte was von Amsterdam.

SONNTAG, DER 24.04.1994

Die drei hatten sich für die nächsten Tage einen Leihwagen gemietet. Tina ist daheim geblieben, sie hatte sich mit einem Freund verabredet. Carol und Barnie fuhren derweil nach London. Das war eine abenteuerliche Fahrt, mit dem ungewohnten Linksverkehr und der unbekannten Umgebung, aber Carol bekam das gut hin.
In London Auto zu fahren, ist nicht einfach, viele Einbahnstraßen, Sperrungen und Sackgassen. Sie parkten das Auto in einem Parkhaus und bummelten durch die Stadt. Die Geschäfte hatten geöffnet und sie kauften ein paar Souvenirs ein. Shoppen macht hungrig und sie stärkten sich in einer Mc Donalds-Filiale.
Dann ging es weiter mit dem Auto zum 100 CLUB in der 100 Oxford Street, London W1. Das ist ein altbekannter Laden, Kult! Hier haben schon alle möglichen Bands gespielt wie Rolling Stones, Who oder Ten Years After.

An diesem Abend spielten die BIG TOWN PLAYBOYS mit Steve Walwyn, der Gitarrist von Dr.Feelgood. Da Carol den Gitarristen kannte, standen die beiden auf der Gästeliste und kamen problemlos rein. Es war Ein grandioses Konzert, tolle Stimmung. Die Musik eine Mischung aus Boogie Woogie, Rock´n´Roll und Rhythm & Blues. Links und rechts vor der Bühne tanzten Paare Rock´n´Roll, aber richtig professionell. Barnie kaufte sich nach dem Konzert für sieben Pfund noch ein 100 Club-T-Shirt.

Die Rückfahrt war echt spannend. Die beiden unternahmen eine nächtliche Irrfahrt und kamen aus London nicht so leicht hinaus, aber dafür haben sie viel gesehen! Irgendwann haben sie noch eine Radkappe vom Auto verloren. Bemerkt haben sie es auf einer Tankstelle, wo sie Halt machten und nach dem Weg fragten, außerdem brauchten sie dringend einen Kaffee. Sie sind dann einen Teil der Strecke zurückgefahren und haben nach 15 Minuten tatsächlich die Radkappe wiedergefunden. Unglaublich, aber wahr! Auch haben sie es geschafft, aus London wieder hinauszukommen, aber das hat Nerven gekostet. In den frühen Morgenstunden waren sie wieder im Camp.

MONTAG, DER 25.04.1994

Natürlich wurde erst mal ausgepennt und die letzte Nacht verarbeitet. Später war Barnie in Canvey City und hat was gegessen, und zwar Fish and Chips! Am Nachmittag gingen die drei in die Bar. Das Wetter war schön und sie haben sich draußen hingesetzt und einige Ansichts-Postkarten geschrieben. Für heute und morgen waren in der Dr. Feelgood-Bar angekündigt:

FROM LOS ANGELES, CALIFORNIA, THE PREMIER BLUES AND BOOGIE BAND: CANNED HEAT Die Woodstock-Legende, jawoll!

Am Spätnachmittag waren die drei wieder in der Bar. Die ersten Exemplare der Dr. Feelgood-Live CD DOWN AT THE DOCTORS wurden gerade zum Verkauf angeliefert. Die drei dürften weltweit mit die Ersten gewesen sein, die diese CD erworben haben. Offiziell kam die CD erst am 9. Mai in den Handel. Barnie kaufte sich natürlich auch eine für 11 Pfund und nahm auch gleich noch ein paar T-Shirts, etwa das besagte aus der Philli, für 6,50 Pfund das Stück. Über die Hausanlage der Bar konnte man die neue CD hören. Die Aufnahmen dafür waren am 24. und 25. Januar 1994 in der Dr. Feelgood-Bar gemacht worden. Die Band spielte dort an zwei Abenden in folgender Besetzung:

Lee Brilleaux: Gesang, Gitarre, Harp
Steve Walwyn: Gitarre und Gesang
Dave Bronx: Bass
Ian Gibbons: Keyboards
Kevin Morris: Schlagzeug

Zu diesem Zeitpunkt war Lee Brilleaux schon schwer an Lymphdrüsenkrebs erkrankt. Es sollten seine letzten Aufnahmen sein.

DIENSTAG, DER 26.04.1994

Die drei fuhren nach Southend und tätigten einen Einkaufsbummel. Sie suchten ein schönes Geschenk für Canned Heat, genauer für ihren Gitarristen Henry V.
Es dauerte etwas, aber sie fanden etwas Passendes. Noch kurz bei McDon zu Mittag gespeist und dann ging es zurück ins Camp. Es mussten ja noch einige Sachen erledigt werden für das zweite Canned Heat-Konzert am Abend.

MITTWOCH, DER 27.04.1994

Sie machten einen Ausflug nach Leigh on Sea, wo auch der Dr. Feelgood-Sänger Lee Brilleaux wohnte, und schauten sich den kleinen Küstenort an. In Leigh on Sea gibt es ein Grand-Hotel, wo die Band in den Kellerräumen geprobt hat. Der Name GRAND-RECORDS stammt daher. In dem Stamm-Pub von Lee Brilleaux tranken die drei noch ein Bier, danach waren sie in einem netten Chinarestaurant Essen und haben dafür 9 englische Pfund bezahlt. Abends waren sie wieder in der Bar, wo eine Ska-Band aufspielte. Es war ihr letzter gemeinsamer Abend, da Barnie schon einige Tage eher zurück wollte als geplant. Als Bandmanager von der Band Rocks Off wollte er unbedingt bei den neuen Aufnahmen dabei sein, die für Freitag und Samstag anstanden und in den Artland-Studios in Hannover stattfinden sollten.

DONNERSTAG, DER 28.04.1994

Carol fuhr Barnie am frühen Morgen mit dem Auto zum Bahnhof nach Benfleet. Dort fuhr um 9 Uhr 18 ein Zug nach London bis zur Fenchurch Street. Von da aus über die Undergroundstation Tower Hill mit der District Line weiter bis Hammersmith. Dort musste Barnie umsteigen in die Piccadilly Line Richtung Heathrow-Airport. So gegen 11 Uhr 30 kam er am Flughafen an und checkte am Lusthansa-Schalter ein.
Barnies Lusthansa-Flug (Flug-Nr. 4083) ging um 14 Uhr 15 nach Hannover. Ankunft war um 16 Uhr 45, Boarding-Time um 13 Uhr 45.
Er hatte also noch Zeit und ging etwas essen, das nannte sich Steak with Kidney Pie und kostete 5,50 Pfund. Danach schaute er noch durch die Läden und kaufte sich eine CD, einen Bluessampler.

Die Zeit schritt voran. Es war soweit, Boardingtime. Barnie ging an Board und nahm seinen Platz ein, ein Fensterplatz im Raucherbereich. Er schnallte sich an, die Maschine hob geschmeidig ab.

Kurze Zeit später kam eine nette Stewardess vorbei. Er bestellte ein Fläschchen Rotwein, guckte gedankenverloren aus dem Fenster und zündete sich eine Zigarette an ...

Schlussbemerkung:

Der Lusthansa-Flug Hannover-London und zurück kostete damals 497,50 DM.

Die Dr. Feelgood Music-Bar ist später abgerissen worden. Sehr schade. Dort steht jetzt das Oysterfleet Hotel.

NACHRUF

„DR. FEELGOOD" TOT

Lee Brilleaux, Gründungsmitglied, Frontsänger, Gitarrist und Harpspieler von Dr. Feelgood starb am 7.April 1994 in seinem Haus in Leigh on Sea auf Canvey Island in der Grafschaft Essex. Von seinem Manager Chris Fenwick wurde er als „schwer trinkender und schwer arbeitender Mann" bezeichnet.

Lee Brilleaux wurde am 10. Mai 1952 in Durban, Südafrika, geboren. 1955 kehrte er mit seinen englischen Eltern nach Ealing, West-London zurück.

Nachdem er 1968 eine Stelle bei einer Anwaltskanzlei gefunden hatte, spielte er in ersten Bands, unter anderen den Wild Bunch.

1972 gründete er zusammen mit Wilko Johnson (Guitar), John B. Sparks (Bass) und John Martin alias Big Figure (Drums), die Rhythm & Blues-Band Dr. Feelgood.

Der Name der Band wurde auf Vorschlag von Sparks dem Song „Dr. Feelgood" der britischen Rock'n'Roll Band „The Pirates" entlehnt.

Dr. Feelgood ist eine der wenigen Bands, die im Britisch-Blues-Boom und in der Punk-Ära gleichermaßen Erfolg hatten. Mit ihrem ehrlichen und erdigen Rhythm & Blues jenseits aller Zeitströmungen beeinflussten sie zahlreiche Bands.

Hallo Lee,

alles klar da oben? Wo du wohl stecken magst, vielleicht im siebten Rock´n´ Roll-Himmel? Vielleicht spielst du ja wieder mit deinem alten Bandkumpel Gypie Mayo und heizt den andern da oben ordentlich ein, mit John Entwistle am Bass und Keith Moon am Schlagzeug? Wer weiß, wer weiß?

Wie auch immer.
Wir werden dich und deine fulminanten Live-Auftritte
nie vergessen
und immer im Herzen bei uns tragen.
See you later, Alligator!

ZUM
GEDENKEN UND ERINNERN
AN:

LEE BRILLEAUX
(10.05.1952 - 07.04.1994)

und

GYPIE MAYO
(24.07.1951 - 23.10.2013)

(Dr. Feelgood 1977-1981 - The Yardbirds 1996-2004)

HELLO,
MY NAME IS DAISY
(1994)

(Foto: BPA)

„I´M DAISY, AND I WANNA DRIVE YOU CRAZY!"

Die Woodstock-Legende CANNED HEAT spielte an zwei Abenden in der Music-Bar. Das Ticket kostete 5 Pfund. Barnie, Carol und Tina hatten sich natürlich für beide Abende Karten gesichert. Am Montagnachmittag schauten sie neugierig in der Bar vorbei und konnten den Aufbau und Soundcheck miterleben.

Dann verließen sie die Bar und gingen zurück zu ihrem Camp, wo sie sich für den Abend konzertfein machten. Als sie dann später zurückkamen, war die Bar schon gut gefüllt. Sie nahmen einen Drink und schauten sich um. Schon bald kamen Canned Heat auf die Bühne und lieferten ein tolles Konzert ab.

Sie spielten in folgender Besetzung:
Henry Vestine (Guitar), Fito de la Parra (Drums), Junior Watson (Guitar,Vocals), James Thornbury (Vocals, Guitar, Harp) und Ron Shumake (Bass, Vocals).

In der Pause wurden sie vom Manager der Band zu einer Party eingeladen, die nach dem Konzert in Southend stattfinden sollte, wo die Band in einem Hotel übernachtete. Sie waren überrascht und freuten sich über die Einladung, die sie gerne annahmen. Das Konzert war bald zu Ende und der Bandbus stand draußen vor der Tür bereit. Die drei verließen die Bar und gingen zum Bus, um einzusteigen. Von der Band war zu diesem Zeitpunkt nur Henry V. anwesend. Er saß an einem kleinen Tisch, vor ihm stand ein Glas und eine große Flasche Rotwein mit Schraubverschluss. Barnie setzte sich ihm gegenüber, die beiden Mädels blieben am Tisch stehen. Henry machte ein paar Äußerungen, man kann es ungefähr so übersetzen: „Ich spiele nur Gitarre, um bei den Mädels die Titten zum Wackeln zu bringen!"

Vielleicht lag es am übermäßigen Rotweinkonsum oder er stand kurz vor dem Samenkoller, vielleicht lag es auch an beidem. Carol war auf jeden Fall genervt von diesen

Bemerkungen und hatte keinen Bock mehr auf die Party mit Canned Heat in Southend. Kaum drinnen im Bus, verließen die drei ihn also schon wieder. So viel zur Aftershow-Party mit Canned Heat.

Es war übrigens nicht das erste Mal, dass Henry solche Bemerkungen von sich gab. Ein andermal sagte er: „Auf deine Titten möcht ich kommen." Für Henry waren solche Äußerungen völlig normal - ist halt Rock´n´Roll -, aber nicht jeder fand das witzig und konnte das verkraften. Ich glaube, er machte sich einen Spaß daraus, solche Bemerkungen abzugeben, und meinte es gar nicht so. Sein Kumpel Fito könnte das bestimmt besser beantworten.

Barnie, Carol und Tina gingen zurück zum Camp. Sie hatten Hunger und bereiteten sich Spaghetti zu und nahmen noch ein paar Drinks. Beim Essen machten sie sich Gedanken über eine Art Vergeltungsaktion. Sie wollten der Band, insbesondere Henry, am nächsten Abend ein schönes Geschenk machen.

Am nächsten Tag fuhren sie in den nächst größeren Ort, nach Southend. Sie bummelten durch die Geschäfte und suchten nach einem geeigneten Geschenk für Canned Heat.

Es sollte etwas Aufblasbares sein, eine Art Gummipuppe oder so was, um auf ihren Namen, Hitze in Dosen, anzuspielen. Aber einen Laden für Sexspielzeug und andere Hygieneartikel gab es nicht. Waren die Engländer etwa prüde? In einer Art Schnickschnack-Laden wurden sie nach Stunden intensiver Suche schließlich fündig. In einem Regal, nicht in Augenhöhe, sondern viel tiefer, sogenannte Bückware, erblickten sie es in einer merkwürdigen Verpackung mit einem Bild von einem Schaf drauf. Das Ganze originalverpackt in einer durchsichtigen Plastikfolie. Sie nahmen den Artikel und schauten ihn sich näher an. Es war ein Schaf mit Strapsband abgebildet, das Ganze aus Plastik und zum Aufblasen! Das war der Knaller!

Es war Liebe auf den ersten Blick. Sie kauften es, verließen voller Freude den Laden. Mit ihrer neuen Errungenschaft gingen sie zu McDon, stärkten sich mit einem BigMac und fuhren dann zufrieden zurück nach Canvey ins Kings Camp.
Sie waren natürlich neugierig. Kaum angekommen, packten sie das Schaf aus. Es war sogar ein weibliches und hatte hinten eine schöne Öffnung. Es wurde ein Dichtungstest gemacht: Das Schaf wurde aufgeblasen. Der Test verlief gut, es hatte keine Löcher und hielt dicht. Jetzt brauchten sie nur noch einen Namen für das Schaf. Carol kam auf die Idee, es Daisy zu nennen. Barnie und Tina stimmten zu und so wurde es offiziell an diesem Spätnachmittag getauft.

Dann bekam es auf beiden Seiten noch einen Schriftzug:

I´M DAISY, AND I WANNA DRIVE YOU CRAZY!

Zum Schluss machten sie draußen auf dem Rasen mit noch eine Fotosession mit Daisy. Danach packten sie es schön in Geschenkpapier ein und machten sich fertig für den zweiten Konzertabend mit Canned Heat. Das Geschenk übergaben sie dem Roadmanager, der leitete es an die Band weiter. Sie betraten daraufhin den Saal, wo das Konzert beginnen sollte. Daisy war schon da und stand oben auf der Gitarrenanlage von Henry. Die Band kam auf die Bühne. Es wurde sich für das wunderbare Geschenk bedankt und dass man sicherlich viel Freude mit dem Schaf haben werde. Die Band spielte los, sie waren gut drauf und legten ein tolles Konzert hin. Beide Abende waren gut und die Hits fehlten nicht, wie „On The Road Again" oder „Going Up The Country".
Nach dem Konzert nahmen Barnie, Carol und Tina noch einen Nachttisch ein - nicht so einen, der neben dem Bett steht, ich meind natürlich einen Mittagstisch beziehungsweise Mitternachtsimbiss!

Vor der Bar auf der rechten Seite stand eine Art Frittenbude. Bei Konzerten war die Bude geöffnet und ein gutgelaunter Jamaikaner bereitete leckere kleine Speisen so für zwei bis drei Pfund zu.

Nach dem Essen nahmen sie noch einen Absacker in der Bar und machten sich daraufhin auf den Heimweg ins Kings-Camp.

Henry Vestine verstarb einige Jahre später in Paris.

Die Band wollte nach einer abgeschlossenen Europatournee in die Staaten zurückfliegen und hatte den Flieger verpasst. Man nahm daher ein Hotel in der Nähe des Flughafens.
Am nächsten Morgen, am Montag den 20. Oktober 1997, sollten alle um 9 Uhr telefonisch geweckt werden. Das geschah auch, Henry bat um 10 Minuten, dann wollte er runter zur Lobby kommen. Als 20 Minuten verstrichen waren, wurde er nochmals angerufen, ging jedoch nicht an das Telefon. Daraufhin ließ ein Zimmermädchen den Roadmanager Rick Young in das Zimmer.
Henry wurde sitzend auf seinem Bett mit einer Marlboro vorgefunden. Man legte ihn lang auf das Bett, eine letzte Zigarettenqualmwolke entstieg ihm. Sein Leichnam wurde in Paris eingeäschert und die Urne in die Staaten überführt.
Fito de la Parra organisierte nach seiner Rückkehr in Los Angeles eine kleine Zeremonie. In der Bar Hinanos, eine von Henrys Lieblingsbars, an der Washington Avenue in Venice fand eine Zusammenkunft mit Bandmitgliedern, Freunde von Henry und Bikern statt. Es wurde tüchtig Bier getrunken und man rauchte zum Gedenken an Henry eine Marlboro.

Er wurde 52 Jahre alt.

Wie sich später herausstellte, war er gesundheitlich schwer angeschlagen.

In Henrys Testament steht als letzter Wunsch geschrieben:

Seine Asche möge auf der dunklen Seite des Mondes
über dem Vestine-Krater ausgestreut werden.

Um das zu finanzieren wurde eine Stiftung gegründet.
Möge sein Wunsch eines Tages in Erfüllung gehen.

ZUR ERINNERUNG AN

HENRY „The Sunflower" VESTINE

Gründungsmitglied & Gitarrist von Canned Heat

Geboren am 25.12.1944, Tacoma Park, Maryland, USA
Verstorben am 20.10.1997 in Paris, Frankreich.

DIE
QUIETSCH-BEUYS
(1995)

Mitte der 90er-Jahre haben sich drei befreundete Musiker zusammengetan, um das Akustik-Trio „Die Quietsch-Beuys" zu gründen. Der Name stammt ursprünglich von den Beachboys, eine bekannte amerikanische Boygroup aus den 1960er-Jahren.

Der Schlagwerker der Band, Keef Huhn, war ein großer Fan von ihnen. Wenn er richtig breit war, sang er auch schon mal die Beachboy-Nummer Barbara Ann.

Aus den Beachboys wurden also die Quietschboys. Allerdings war der Name schon vergeben und musste somit noch abgewandelt werden. Steven Guitar, ein ehemaliger Kunststudent und großer Beuys-Fan, kam auf die Idee, das Boys durch ein Beuys zu ersetzen, zur Erinnerung an den berühmten, deutschen Honig- und Filzkünstler Joseph Beuys. Fertig war der Name:

DIE QUIETSCH-BEUYS !!

Die Besetzung

Brad McVocal: Ausdrucksgesang, Schellenring, Sambagurke, Big-Triangel.

Steven Guitar: Gitarre und Hintergrundgesang.

Keef „Ansecco" Huhn: diverse Schlaginstrumente wie Klanghölzer, Cymbals, Bongos und anderer Krams. Kein Gesang.

Das Ansecco in seinem Namen ist eine alkoholische Spezialität, erfunden von Keef Huhn selbst.

Man nehme und fülle hinein ein Drittel eisgekühlten Prosecco und zwei Drittel Andechser Doppelbock. Nicht rühren, nicht schütteln, gleich tüchtig trinken! Die Wirkung tritt rasch ein!

Wie sind die Quietsch-Beuys entstanden?

Brad und Keef hatten schon in einer anderen Band zusammengespielt und kannten sich. Keef spielte damals bei der Scarlet Anvil Band und lernte Steven 1995 kennen. Die Band suchte damals einen zweiten Gitarristen. Steven kam zum Vorspielen vorbei, er stieg aber nicht ein, da ihm die Richtung der Band nicht zusagte. Da Steven wie Keef in der Nordstadt wohnte, blieb man in Verbindung, man war ja sozusagen Nachbarn. Man traf sich hin und wieder und trank ein Bierchen zusammen.

Eine Tages schleppte Keef seinen alten Sangeskumpel Brad an und machte ihn mit Steven bekannt. Man saß bei Steven zu Hause in der Asternstraße. und trank tüchtig Bier. Es wurde über dies und jenes gesprochen, meistens ging es um Bands und Musik.

Zu späterer Stunde griff man selbst zu den Instrumenten: Steven zu seiner Gitarre, Brad zu seinen Stimmbändern und Keef trommelte mit den Fingern auf der Tischkante. Es wurde ein feuchtfröhlicher musikalischer Abend. Steven machte den Vorschlag, das regelmäßig zu machen, so alle zwei bis drei Wochen.

Es kam sogar die Idee auf, ein Programm einzuspielen und damit durch die Nordstadt zu ziehen, genauer gesagt wollte man in Kneipen sogenannte Lauschangriffe veranstalten.

Die Vorbereitung

Geprobt wurde bei Steven im Wohnzimmer. Er wohnte damals im Erdgeschoss einer Altbauwohnung in der Asternstraße: hohe Räume und keine Treppen. Die Akustik war ordentlich, sodass eine Eierpappenverschalung wie in den klassischen Ü-Räumen nicht erforderlich war.

Außerdem befanden sich die drei dort in unmittelbarer Nähe zahlreicher Kneipen und Kioske, falls das Bier mal ausging - das gab die nötige Sicherheit beim Proben. Nach einiger Zeit hatte man ein Programm eingespielt. Brad meinte eines Abends, als die drei ziemlich breit waren, dass noch ein Bandname fehlt.

Keef meinte, wie wäre es denn mit Quietschboys. Steven und Brad waren von dem Vorschlag begeistert, er wurde einstimmig angenommen. Es wurde ein neues Bier geöffnet und die Sache wurde mit einem kräftigen Schluck Flensburger ordentlich gebügelt.

Die Aufgabe

Die Aufgabe der Quietsch-Beuys bestand darin, zahlreiche spontane Lauschangriffe auf die Kneipen in der Nordstadt zu verüben, wie Zille, Klein-Kröpcke, Destille, Labor, Kuriosum und Was Nun. Nach dem Motto: Du gibst uns´n schönes Bier, und wir dir Live-Musik dafür!

Die Umsetzung

Um die Sache ins Rollen zu bringen, haben sie im Rahmen der Lauschangriffe eine Kneipp beziehungsweise Promotion-Tour durch die nordstädtische Kneipengemeinde unternommen. Angefangen wurde in der Zille - lag ja gleich schräg gegenüber von Stevens Wohnung - , dann weiter über die Kleine Freiheit ins Klein-Kröpcke, von da aus ging es ins Kuriosum.

Eine genaue Reihenfolge gab es nicht, das wurde spontan entschieden. Die Lauschangriffe waren kurz, aber deftig. Sie spielten drei bis vier Nummern und zogen dann weiter.

Nach einiger Zeit hatte sich das in der Nordstädter Kneipengemeinde herumgesprochen.

Das Programm

Das Programm bestand überwiegend aus erlesenen Coverversionen bekannter Bands, etwa von den Rolling Stones „Sweet Virginia", „Under My Thumb" und „Satisfaction" oder „Down at the doctors" von Dr. Feelgood. Auch die Spaßnummer „Barbara Ann" von den Beachboys war dabei.

Das große, eigentliche Ziel

Das lautete natürlich: alle glücklich zu machen!
Und ihr persönliches Ziel?! Einen feucht-fröhlichen Abend zu haben und sich auf Kosten des Hauses tüchtig zu betrinken! Musizieren macht nun mal durstig.

Der Ablauf

Mit ihren Instrumenten stürmten sie die Kneipe, suchten sich einen Platz und haben ohne große Vorankündigung wild und munter drauflos musiziert. Angefangen haben sie meistens mit „Honky Tonk Woman", wo Keef verzückt auf seine Kuhglocke eindreschen konnte. Das erste kühle Blonde in Form eines Bieres war ihnen dadurch meistens sicher.
In der Klötenkiste war das glorreiche Trio mal rausgeflogen, jawoll! Keef sagte das immer, also Klötenkiste. Eingefleischte Nordstädter werden natürlich wissen, welche Kneipe damit gemeint war., die Notenkiste in der Schaufelderstrasse. Gibt es nicht mehr!
Steven spielte an diesem Abend auf einer alten Westerngitarre, die noch gut erhalten war. Der Hals war

schon mal geklebt worden, aber sie klang vergleichsweise angenehm.

Brad hatte sie nach einer durchzechten Nacht am frühen Morgen völlig herren- und damenlos in der U-Bahn-Station Kopernikusstraße gefunden. Er nahm die Gitarre kurzerhand mit und schenkte sie Steven.

Nach dem zweiten Stück schmierte er das Teil mit billigem Aldi-Blütenhonig ein. Sie spielten dann eine schmierige, honigsüße Version des Nazareth Klassikers „Love Hurts", allerdings mit Unterbrechungen: Zwischendurch musste er seine Finger von der Gitarre nehmen und in ein bereitstehendes Glas Bier tauchen, sonst hätte er diese klebrige Version nicht zu Ende greifen können. Er leitete die Nummer mit einem kurzen Gitarrenintro über in das Instrumental „Quietschbone Fever", ein eigenes Stück.

Gleich darauf legten Keef und Brad einen Klangteppich dazu, bestehend aus Sambagurke und Bongotrommel. Sie spielten einige Zeit einen Bo Diddley-artigen Rhythmus, Steven hatte derweil aufgehört, zu spielen, und sich einen gemischten Salat bestellt. Er stand auf und platzierte die Gitarre mit der Griffseite nach vorne auf seinem Stuhl. Die eigentliche Performance des heutigen Abends konnte beginnen.

Aus einer Entfernung von ungefähr zwei Metern bewarf Steven eifrig den klebrigen Korpus seiner Gitarre mit Salatblättern, rohen Zwiebelscheiben, halben Oliven, Tomaten- und Gurkenscheiben - was so ein gemischter Salat halt hergibt!

Die anderen beiden spielten unterdessen weiter, Keef benommen auf der Bongotrommel und Brad mit einem Salatbesteck auf der Sambagurke. Sie zogen das Tempo an und wurden lauter und heftiger.

Steven hatte inzwischen die Gitarre gedreht und war dabei, die Rückseite zu verzieren. Zum Schluss kippte er das Joghurt-Dressing drüber. Damit war das Kunstwerk vollendet.

Aber das war noch nicht alles, der Höhepunkt folgte jetzt erst. Er packte das Kunstwerk am Hals und zertrümmerte es mit einigen wilden Bewegungen mitten im Laden, während die anderen beiden munter weiterspielten. Die Reaktion der anwesenden Gäste fiel unterschiedlich aus: Einige sprangen auf und brachten sich in Sicherheit, andere blieben fassungslos sitzen und schauten gebannt zu.

Dem Wirt war es jedenfalls zu viel des Guten. Er hatte kein Verständnis für diese Art von Spontan-Kunst, daher griff er in das Geschehen ein, es gab ein kurzes Handgemenge und die drei wurden vor die Tür gesetzt.

Zurück blieben ein verschmierter klebriger Fußboden mit Dressing, Honig- und Salatresten sowie diverse Teile einer zertrümmerten Gitarre, ein genervter Wirt und fassungslose Gäste.

Die Quietsch-Beuys konnten noch nicht mal ihr Guinness austrinken, sie bekamen Hausverbot auf Lebenszeit.

Einen etwas anderen Lauschangriff gab es an einem schwül-warmen Sommerabend im August. Sie kamen aus dem tiefer gelegenen Biergarten des Labors und zogen weiter ins Klein-Kröpcke, genauer gesagt in den Aussenbereich, den kleinen Biergarten.

Sie fanden noch Platz und legten sofort mit „Just A Gigolo", los, gefolgt von „Big Ten Inch" von Aerosmith. Dann tranken sie ein kühles erfrischendes Bier und spielten weiter. Es folgten „Sweet Virginia" von den Stones und „Barbara Ann" mit schrillem dreistimmigem Gesang.

Steven spielte an diesem Abend auf einer Billig-Akustikklampfe, die er Tage zuvor bei Real-Kauf günstig erworben hatte. Aus einer nahegelegenen Änderungsschneiderei an der Lutherkirche hatte er sich diverse Filzstoffreste besorgt und damit den gesamten Korpus der Gitarre beklebt.

Im Korpus selber hatte er zudem drei übrig gebliebene Chinaböller vom letzten Silvester befestigt. Fertig war das gute Kunstobjekt.

Für das Stimmen der Gitarre benötigte er einige Zeit. Er spielte nur auf fünf Saiten und bevorzugte eine Keith - Richards- Stimmung, also eine offene Stimmung. Nach der Spaßnummer „Barbara Ann" spielten sie zum feurigen Abschluss des Lauschangriffes einen alten Gassenhauer, nämlich „Satisfaction".

Die drei standen inzwischen mitten im Biergarten. Steven drosch wild auf seine fünfsaitige Filzklampfe ein, Keef lieferte den notwendigen rhythmischen Klangteppich mit seinen Klanghölzern, Brad gab obskure Laute von sich und setzte dazu punktiert Akzente auf seiner überdimensionalen Triangel.

Kurz danach legte Steven die Gitarre auf den Kiesboden und kniete sich vor ihr hin. Er holte eine Pattex-Tube aus seiner Jeansjacke heraus und bespritzte das gute Stück. Mit ein paar Streichhölzern entzündete er es. Er stand wieder auf, als die Gitarre anfing zu brennen.

In einiger Entfernung stand der gemütliche liebenswerte Wirt der Kneipe, Wolfgang, und schaute dem Spektakel gebannt zu. Vorsichtshalber hatte er schon einen Feuerlöscher besorgt und neben sich gestellt.

Die Quietsch-Beuys tanzten jetzt um die lichterloh brennende Gitarre herum und sangen: „I Can´t get no Satisfaction."

Es herrschte eine ausgelassene Stimmung im Biergarten. Inzwischen war es dunkel geworden und immer mehr anwesende Gäste kamen hinzu und machten mit. 20 bis 25 Feiernde tanzten bald wild um die brennende Gitarre und sangen lauthals „Satisfaction".

Dann explodierten die Chinaböller, es knallte einige Male, aber es wurde von der Menge gar nicht wirklich wahrgenommen. Sie waren völlig in Ekstase, tanzten und sangen lauthals weiter. Die Quietschboys verließen unauffällig die tanzende Menge und machten sich leise davon. Die Gäste schrien Zugabe, aber da waren sie schon längst über alle Berge, weitergezogen in ihre Stammkneipe, die Zille, wo sie zum Abschluss eine „Maßeinheit" zu sich nahmen, das entspricht zwei großen und einem kleinen Warsteiner.

Inzwischen hatten sich die Lauschangriffe über Mundpropaganda in der Nordstadt herumgesprochen, doch keiner wusste genau, wo und wann sie stattfinden würden.

Man musste also Glück haben. Wenn man zur richtigen Zeit in der richtigen Kneipe war, hatte man es, dieses wunderbare Glück, in diesen Hochgenuss zu kommen.

Das Ende

Wie das oft bei solchen Projekten der Fall ist, ist die Haltbarkeitszeit nicht allzu lang, und so lösten sich die Quietsch-Beuys Ende der 1990er- Jahre wieder auf, da Steven in den Ruhrpott zu den Kohlelutschern auswanderte.

Natürlich gab es eine berauschende Abschiedsparty. Keef hatte zu diesem Anlass extra eine Rede vorbereitet. Aus irgendeinem Grund hat er die Lauschangriffe nur am Rande erwähnt, vielleicht war er sauer, dass diese schöne Zeit nun vorbei war. Wie auch immer.

Die Wohnung blieb übrigens in guten Händen. Nach dem Auszug von Steven wohnte Brad dort noch einige Jahre.

Was machen die Quietsch-Beuys heute?

Ein Comeback wird es wohl nicht geben. Die Quietsch-Beuys gibt es zwar noch, aber in einer anderen Form. Es ist ein nicht eingetragener Verein, der aus drei Vorsitzenden und einem Ehrenvorsitzenden besteht.

Diese sind Brad, er nennt sich jetzt Major Tom, Keef, er nennt sich jetzt Käpt'n Kopter, dann der ehemalige Roadmanager der Sixpack Bluesgang, Kommanda Kodi und, nicht zu vergessen, als Ehrenvorsitzender Steven Guitar, der schon seit einigen Jahren in Potsdam wohnt und inzwischen in der Band „Die Kollegen" spielt.

Man trifft sich hin und wieder zu Musikabenden, sogenannten Quietsch-Beuys-Happenings, und lauscht andächtig der guten, handgemachten Musik aus längst vergangenen - und auch heutigen Zeiten.

Wann und wo die stattfinden, weiß keiner so genau. Beim letzten Dan Baird-Konzert wurden die drei angeblich in der Bluesgarage in Isernhagen gesichtet.

Geplant ist wohl ein richtiger Verein: der MHG (Musikhörer/in Gemeinschaft) QUIETSCH-BEUYS e.V.

Er steht für gute handgemachte Musik mit regelmäßigen Sitzungen, Vorträgen und Happenings.

Hier ein kleiner Auszug aus ihrem noch (immer) nicht fertigen Leitfaden:

STOPPT DEN SCHNÖDEN POP,
WIR HABEN BOCK AUF ROCK.
oder
NIEDER MIT DEM DUDELFUNK!!

Eventuelle Anfragen bitte an den Vorsitzenden richten. Die Anschrift wird mitgeteilt!

DIE ABSCHIEDSREDE

(von Keef Huhn)

(Foto: BPA)

FÜR

(Links: Steven-Rechts: Guitar)

STEVEN GUITAR!!

Die Abschiedsrede für Steven Guitar

Tja, Steven, alter Quietsch-Beuy!

Jetzt verlässt du uns, endlich! Wird auch Zeit! Hast lange genug dein Unwesen in Hannover und Umgebung getrieben ...

Damit der Abschied leichter fällt und du dich schon mal musikalisch auf den neuen Kulturkreis „Ruhrpott" einstimmen kannst, habe ich dir etwas vorbereitet.

Beiliegendes Tonmaterial „Rheinischer Städtebummel" soll dir den Einstieg erleichtern und vor allem auch dazu dienen, von Kapellen wie BAP oder PUR nicht infiziert zu werden.

Ich empfehle dir, das Material über Kopfhörer einzufahren, insbesondere die Lieder „Wir sind die Lebenskünstler vom Rhein" und „Es war nur ein Becher Wein".

Um jedoch den einzig wahren Hochgenuss zu erlangen, solltest du gleichzeitig eine Druckbetankung mit dem beiliegenden Obstbranntwein vornehmen. Aber pass auf, dass du dabei nicht zu sehr in Ekstase gerätst und womöglich über die noch nicht ausgepackten Umzugskartons stolperst.

Tja, gern erinnere ich mich zurück an die legendären Quietschboy-Abende in der Asternstraße und an die gemeinsamen, berauschenden Konzertabende wie im Bad bei Guru Guru, im Nörgelbuff bei den Hamsters in Göttingen oder im Pavillon bei Mountain in Hannover.

Nicht zu vergessen der skurrile Auftritt von Southern Culture on the Skids aus North Carolina. Das Trio spielte im Bad und bewarf das Publikum während ihres Stückes „Fried Chicken And Gasoline" mit gebratenen Hähnchenschenkeln.

Tja, es geht auch umgekehrt: Ich konnte einen Schenkel sicherstellen. Das Andenken an diesen Auftritt ruht seitdem im Tiefkühlfach meines Kühlschranks.

Irgendwie bist du ja doch kein übler Kerl. Ich denke, dass ich dich und diese Abende vermissen werde, insbesondere natürlich unsere Lauschangriffe in der Nordstadt, aber du hast es so gewollt.

Also, tu was du nicht lassen kannst,
geh in den Ruhrpott
zu den Kohlelutschern!

Prost, spülen wir´s runter!

DAS
BRAWO INTERVIEW
(1998)

(nach einer Idee von Ulli U.)

Mitwirkende:
Die Brawo-Chefredakteurin Rita Hohlen
Der Brawo-Journalist Omar Rockschalk
Die Rock´n´Roll-Band Slipeinlagen
u. v. a.

Teil I: Einleitung
Teil II: Das Interview
Teil III: Was danach geschah

Einleitung

Der Brawo-Journalist Omar Rockschalk wird von der Chefredakteurin Rita Hohlen beauftragt, einen Artikel über die deutsche Rockmusik-Szene zu schreiben. Dazu sollen einige bekannte deutsche Rockbands vorgestellt werden. Der Journalist soll besonders die Unterschiede zwischen der deutschen Rockmusik-Szene der 70er- und 90er- Jahre hervorheben. Die groß aufgemachte Story mit Interviews und Fotos soll in der nächsten Ausgabe erscheinen, der Titel lautet:

Rockmusik - Made in Germany
Im Wandel der Zeit, zwischen Gestern und Heute.

Vorgestellt werden auch die bekannte deutsche Rock´n´Roll-Band „Die Slipeinlagen" aus Hannover. Zwei Mitglieder der Band stammen aus der ehemaligen DDR.
Der Sänger Michael Süssenholz und der Gitarrist Burkhardt Gailmann wurden 1983 in den Westen abgeschoben.
1985 nahm die Band ihre erste Schallplatte auf (siehe Diskografie).
Der Brawo-Journalist holt seine Fotokamera und sein kleines Uher-Tonbandgerät aus dem Redaktionsbüro, steigt in seinen Wagen - ein GOLF GTI, zitronengelb, tiefer gelegt, ALU-Felgen, breite Reifen - und macht sich auf den Weg nach Leerte bei Hannover, wo in der Schwanenburg das Interview stattfinden soll.
Die Schwanenburg wird auch „die Musikburg des Nordens" genannt. Sie gehört der AVM Hannover, Aloha-Vera-Musik, die die Schwanenburg langfristig gepachtet und aufwendig ausgebaut hat. In den Kellergewölben befinden sich zahlreiche Proberäume und ein Aufnahmestudio. Hier haben schon zahlreiche deutsche und internationale Bands ihre Platten aufgenommen, etwa Jolly Joker, Chicago Blues

Section (CBS), Sixpack Bluesgang, Die schwarzen Tulpen, Backseat Lovers, Rocks Off, The Hotlips Boogie Lovers, Baby Jane, The Electric Furz und Dr. Sixpack - um nur einige zu nennen.

Auch „Die Slipeinlagen" haben hier ihre Platten aufgenommen.

Im Gebäude befindet sich auch ein Veranstaltungssaal mit Bühne für ungefähr 300 Besucher, ein kleines Restaurant, Lekka´m´Mund, mit biodynamischer Küche und die Music-Bar „Zum Jammerhaken" mit einer gemütlichen Raucher- oder eher Kifferlounge. Die leckere Speisekarte (Lekka´m´Mund) für den ernährungsbewussten Mucker soll den verehrten Lesern hier nicht vorenthalten werden, sie befindet sich am Ende dieses Kapitels, Guten Appetit!

In der Music-Bar kann man(n) und frau in einem orientalischen Ambiente genussvoll eine Wasserpfeife zu sich nehmen und sich herrlich entspannen. Es stehen verschiedene Sorten zur Auswahl, dazu empfiehlt es sich unbedingt, einen Blick in die Auslage an der Bar zu werfen.

In der oberen Etage des Gebäudes befinden sich einige Drei bis Sechs Zimmer-Appartements, damit die Musiker oder Bands sich zwischen den Aufnahmen auch mal zurückziehen und hier übernachten können. Plattenaufnahmen können sich bekanntlich hinziehen -manchmal sogar über Jahre. Man denke da nur an das Album „Exile On Main Street" von den Rolling Stones oder an das letzte Album „Chinese Democracy" von Guns´n´Roses.

Die Slipeinlagen brachten 1998 ihr letztes Album „Komm und spiel an mir" auf den Markt. 2005 erschien noch ein Best-Of-Album „Die schönsten Melodien".

DIE
SLIPEINLAGEN DISKOGRAFIE

1985: Was tun (Alo-Ve-Mu-001-85)

1986: In Einem Anderen Land (Alo-Ve-Mu-002-86)

1987: Keine Aussicht (Alo-Ve-Mu-003-87)

1988: Leb Mit Mir (Alo-Ve-Mu-004-88)

1989: Ich Hab den Blues (Alo-Ve-Mu-005-89)

1990: Ich hab den Blues-Live 90´ (Alo-Ve-Mu-006-90)

1991: Lass Es laufen (Alo-Ve-Mu-007-91)

1992: Ein Tanz Mit Dem Tod (Alo-Ve-Mu-008-92)

1993: Verbrecheralbum (Alo-Ve-Mu-009-93)

1994: Mit mir geht´s abwärts (Alo-Ve-Mu-010-94)

1995: Live in Schwerin 95´ (Alo-Ve-Mu-011-95)

1996: Slipeinlagenblues (Alo-Ve-Mu-012-96)

1998: Komm und spiel an mir (Alo-Ve-Mu-013-98)

2005: Die schönsten Melodien (Alo-Ve-Mu-014-05)

Sämtliche Tonträger wurden in folgender
Besetzung eingespielt,
der Künstlername zuerst:

MICK SWEETWOOD (Michael Süssenholz):
Liedgesang, Schellenring, manchmal Banane und anderer
Krams

CONNI LINGUSS (Cornelius Linkfuss):
Gitarre und Gesang

BOB GEILMAN (Burkhardt Gailmann):
Gitarre und Gesang

MARIO HUANA (Martin Hunger):
Bass, kein Gesang

TONY OHM (Toni Ohrenscheidt):
Schlagzeug und kein Gesang

Alle erschienen bei:

ALOHA VERA MUSIK (AVM) HANNOVER
GMBH und K.O. KG

AVM Hannover*Fliederstr. 96*30167 Hannover

Es war Donnerstag, der 9. Juli.

Da ausnahmsweise mal kein Stau auf der Autobahn herrschte, erreichte der Brawo-Journalist ohne große Komplikationen den Ort Leerte. Der Hausmeister und Gärtner der Schwanenburg, Werner Gpunkt, nahm den Journalisten in Empfang und begleitete ihn zu dem Eingang in die Katakomben der Schwanenburg, wo sich die Proberäume befanden.

Von da aus musste er alleine weiter. Es kam ein langer, spärlich beleuchteter Gang, von dem links und rechts Räume abgingen. Er konnte kaum etwas erkennen. Es war so dunkel, dass er sogar seine Ray-Ban-Pilotensonnenbrille absetzen musste, was er sonst nicht mal in der Disko tat.

Im Gang gab es kleine Sitzecken, überall standen leere Flaschen und überquellende Aschenbecher herum. Es roch merkwürdig und Musik drang an seine großen, abstehenden Lauscher. Er versuchte sich zu orientieren und ging unsicher weiter -der Geruch machte ihn benommen. Die Musik wurde lauter.

Jetzt erkannte er das Lied wieder. Ja, es war ein Stück von der Promo-CD von den Slipeinlagen, die ihm seine Chefin letzte Woche überreicht hatte. Sie spielten die Singleauskopplung „Komm zurück", die nächste Woche Montag auf dem deutschen Markt erscheinen sollte.

Er ging einfach der Musik nach, es war der letzte Raum auf der linken Seite, und machte die Tür auf. Die Musik wurde erheblich lauter und ein schwerer süßlicher Geruch vereinnahmte ihn.

Dadurch bekam er weiche Knie und ihm wurde schwindelig. Er sah sich hektisch nach einer Sitzgelegenheit um. Die Band bekam von alledem nichts mit und spielte weiter. Auch die nächste Nummer erkannte er. Es war das Lied „Dummes, kleines Ding". Erst bei dem übernächsten Stück - sie spielten gerade die gefühlvolle Engtanznummer „Wenn Du lachst, schöne Frau" - stellten sie erstaunt fest, dass sie Besuch hatten. Der Brawo-Journalist hatte inzwischen auf einem alten klapprigen Holzklappstuhl Platz genommen. Sie hörten auf zu spielen. Mick begrüßte ihn mit einem „Hallo, was können wir für dich tun?"

Alle waren ziemlich zugedröhnt und hatten den Termin offenbar vergessen.

Rekonstruiert aus den noch verbliebenen, unbeschädigten Tonbandaufzeichnungen und späteren Aussagen des Brawo-Journalisten und der freundlichen Unterstützung einiger Beamten von der Kriminal-Technischen-Untersuchung Leerte folgt nun das vollständige Interview.

Das Interview

BRAWO: Ja, hallo, meine Herren, ich bin´s, Omar, wie läuft´s denn so?

Conni: Feuchtwarm am Hosenbein herunter !

(Alle lachen lauthals, außer Omar).

Tony: Wer ist denn dieser Spargeltarzan ...? Ist das Tarzoon, die Schande des Dschungels?

BRAWO: Also gut, meine Herren, ich darf mich kurz vorstellen. Mein Name ist Omar Rockschalk von der Musikzeitschrift BRAWO. Wir haben heute um 20 Uhr einen Interviewtermin.

Mario: Ich weiß, dass wir einen Termin haben, ist so eine tolle Idee von unserer Plattenfirma!

Conni: Immer diese scheiß Interviews, hab ich überhaupt kein´ Bock mehr drauf.

BRAWO: Aber, aber, meine Herren!

Mick: Hoffentlich bohrt er nicht. RÜÜÜLPS! Oh, tschuldigung, is noch´n Gin-Tonic da?

Mario: Nee, is´ alle!

Conni: Dann schick doch diesen Spargeltarzan nach oben zur Bar. Er soll mal´ne Runde klarmachen für uns. Auf seine Kosten! Und für ihn ein großes Glas frisch gepressten Kuhsaft!

BRAWO: Immer lustig und gut drauf, diese Musiker! Fangen wir mit dem Interview an. Ich habe nicht den ganzen Abend Zeit. Morgen habe ich schon wieder einen wichtigen Termin in Hamburg mit Peter Maffey. Wir machen eine Hafenrundfahrt mit Interview.

Tony: Oh, ist das schön! Nur ihr beide?

Mick: Ich fass es nicht, mit dem Schnulzen-Peterle. Das halt ich nicht aus …

Mario: (singend) „Duu, du allein kannst mich verstehn, nur duuu darfst dich an mir vergehn, nur du bringst ihn so herrlich zum Stehn!"

Conni: Echt klasse Mann, du bist ein echter Poet, den nächsten Song schreibst duu! Da fällt mir gerade eine schöne Geschichte zu ein. Ich erinnere mich noch gut an das 1982er-Stones-Konzert im Niedersachsenstadion. Ich war mit einigen Kumpels da. Wir waren natürlich im Innenraum und standen nahe an der Bühne. Ich hatte eine Tüte Rumkugeln dabei, die mir mein Bäcker zurückgelegt hatte, sie waren also nicht mehr ganz frisch. Ich präparierte sie zu Hause mit ein paar Stahlkugeln, die ich aus dem Tretlager von meinem alten Fahrrad ausgebaut hatte, und fertig waren die Wurfgeschosse! Ich verteilte sie an meine Kumpels …

BRAWO: Bitte, Leute, ich hab nicht ewig Zeit!

Conni: Eh Alter, nerv nicht! Also, J. Geils Band spielte zuerst und hat mächtig abgeräumt -wie der Name schon sagt, ein geiles Konzert. Dann kam das Peterle auf die Bühne. Das ging ja gar nicht! Es flogen diverse Gegenstände auf die Bühne, aber keine Slips oder BHs, nein, andere Sachen wie Kuchenstücke, Monatsbinden -benutzte natürlich-, Bierbecher und natürlich meine Rumkugeln. Da wir schon ziemlich breit waren, war unsere Treffsicherheit nicht allzu hoch -einmal traf ich voll seine Gitarre, er musste sie dann wechseln, weil sie völlig verstimmt war. Andere hatten da mehr Glück und konnten einige Sahnestückchen platzieren. Zwei Ordner wurden irgendwann auf uns aufmerksam. Sie kamen rüber und es gab eine kleine Rangelei. Die restlichen Rumkugeln wurden uns abgenommen. Ich wünschte ihnen einen guten Appetit! Das Peterle hat sich aber tapfer geschlagen, hat mit Tränen in den Augen und Kuchenresten im Gesicht und am Körper sein Set zu Ende gespielt.

BRAWO: Also gut, Conni, erzähl uns doch mal, was du so gemacht hast, bevor du bei den Slipeinlagen eingestiegen bist.

Conni: Ich habe jahrelang als Chefabschmecker im Klärwerk Herrenhausen gearbeitet. Dort wurde ich dann von dem bekannten Underground-Filmemacher Syd Stumpknocker entdeckt. Er drehte dort zwei Kurzfilme. „Spiel mir das Lied vom Kot" und die Fortsetzung, „Kotfinger". In beiden Filmen habe ich als Statist mitgewirkt.

Tony: Darum auch seine braune Zunge!

Mario: Ja, ein echter Fäkalerotiker!

BRAWO: Hört auf! Das ist ja ekelhaft!

Conni (weiter): Außerdem habe ich diverse Flugzeugabstürze und Schiffsuntergänge überlebt, zuletzt den Untergang der Titanic!

BRAWO: Das ist ja sensationell!

Mick: Hast du wohl nicht mit gerechnet, was?

BRAWO: Doch, was denn sonst! Mario, erzähl doch mal ein wenig von dir.

Mario: Ich habe früher in Amerika gelebt und war einige Zeit mit Grateful Dead unterwegs. Da habe ich mir das Bass-Spielen beigebracht.

BRAWO: Wie, du hast bei Grateful Dead gespielt?

Mario: Nicht in der Band gespielt. Ich war der Gitarrenroadie und Tütenbauer von Jerry.

BRAWO: Wie …wie meinst du das?

Mario: Ja, wie jetzt, Alter! Ich war der leibeigene Tütenbauer von Jerry Garcia, da hatte ich alle Hände voll zu tun, ich sag´s dir, Mann. Manchmal kam ich mit dem Drehen gar nicht nach. Ich erinnere mich noch gut an das Rockpalastkonzert in Essen, wo Grateful Dead nach The Who auftraten. Da gab es immer diese langen Pausen zwischen den Stücken. Jerry tat so, als ob er sein Instrument stimmen müsste, dabei wartete er nur auf die nächste Tüte, damit er endlich weiterspielen konnte. Ein toller Musiker übrigens. Leider weilt er nicht mehr unter uns. Im Backstagebereich lernte ich eine Journalistin aus Freiburg kennen. Sie machte eine Reportage über das Festival. Wir verliebten uns. Ich bin einfach dageblieben. Die Band ist ohne mich zurückgeflogen. Iris und ich sind nach Hamburg gezogen und verbrachten einige glückliche Jahre miteinander, aber leider hielt unsere Beziehung nicht lange, war wohl meine Schuld. Sie war immer sehr eifersüchtig und eines Tages stellte sie fest, dass ich Filzläuse habe. Ich habe sie mir wohl auf einer Holz-Klobrille in einem Studio eingefangen, aber sie glaubte mir nicht. Eine tolle Frau. Danach war sie noch einige Zeit mit Tony, unserem Schlagwerker, zusammen.

Conni: Wir machten zu dem Zeitpunkt Aufnahmen auf La Gomera. Unser Manager Wiwa ...

BRAWO: Wie heißt der Manager?!

Mick: Eigentlich heißt er Willibald Wargina, aber wir sagen einfach nur Wiwa zu ihm! Hat also nichts mit dem Fernsehsender zu tun.

BRAWO: Ach so.

Mick: Das ist eine nette Geschichte, die muss ich kurz erzählen, danach geht es mit den Sackratten weiter. Also, es war nach einem Konzert in Hamburg auf der Großen Freiheit. Er stand auf einmal in voller Lebensgröße vor uns in unserer Garderobe und meinte nur: „Ich bin ab jetzt eurer Manager!"

Tony: Auf die Frage, wo er denn herkommt und wie er überhaupt heiße, sagte er: „Darf ich mich kurz vorstellen, mein Name ist Willibald Wargina und ich komme aus Fickmühlen."

Und Fickmühlen gibt es wirklich. Ist ein Ortsteil des Fleckens Bad Bederkesa im Landkreis Cuxhaven. Das Dorf befindet sich zwischen Bad Bederkesa und Neuenwalde an der Landesstraße 119 im Süden des Flögelner Holzes. Nordöstlich liegt die Gemeinde Flögeln, nicht Vögeln!

Conni: Ja, stimmt, wir haben uns fast eingepisst vor Lachen!

Mick: Ich konnte es nicht glauben, daher fragte ich ihn, ob er sich irgendwie ausweisen könne. Er kramte in den Taschen seiner abgewetzten schwarzen Lederjacke herum und holte einen zerfledderten roten Ausweis hervor. Er zeigte ihn uns. Es war ein abgelaufener Mitgliedsausweis vom Deutschen Berufstrinker Verband, DBV.

Tony: Das war schon eine beeindruckende, stramme Erscheinung, die da vor uns stand! Machte was her. Knapp zwei Meter groß, ungefähr 150 Kilo Gewicht, das Ganze gut verteilt, und ziemlich tätowiert, der Mann.

Conni: Er erinnerte mich ein bisschen an Peter Grant, den früheren Manager von Led Zeppelin.

Mick: Find ich auch, und er trug ein T-Shirt von den Hosen. Vorne mit der Aufschrift: „Und jetzt alle: Ficken, Bumsen Blasen!"

Conni: Und in Gomera am Pool konnten wir seine ganzen Tätowierungen begutachten. Ein Gemälde auf zwei Beinen, sag ich dir!

Mick: Tja, keiner hatte was dagegen und seitdem ist er halt unser Manager und seit Kurzem auch unser persönlicher Anwalt.

Tony: Wiwa erzählte von den Gekko-Tonstudios auf La Gomera, die sich in dem kleinen Ort El Guro befinden.

Mick: Er machte den Vorschlag, dort die nächste Scheibe aufzunehmen.

Tony: Das war 1992. Wir haben dort das Album „Kannst du die Musik hören?" eingespielt. Eines unser besten Alben nach wie vor! Wir sind einige Monate dort geblieben. Den Endmix haben wir später hier im Studio gemacht.

Conni: Wir wohnten gleich nebenan in einen großen heruntergekommenen Haus und hatten ständig irgendwelchen Besuch.

Mick: Einige enge Freunde der Band wurden eingeladen und ab und zu schauten auch einheimische Musiker vorbei. Wiwa wohnte im Nachbarort in einer schmucken Finca, die nannte sich La Rosetta, mitten in einer Bananenplantage gelegen.

Tony: Dort trafen wir uns jeden Abend zum Sonnenuntergang, genehmigten uns ein paar Drinks und gingen dann nebenan in das Restaurant El Palmar zum Essen.

Mick: Ab und zu hielten wir dort auch kleine Sessions.

Conni: Wir haben überwiegend nachts an dem Album gearbeitet. Tagsüber war es einfach zu heiß!

Mario: Meine Herren, kommen wir zu den Sackratten zurück!

Tony: Ja genau, das ist ein interessantes, hochwichtiges Thema, gerade auch für unsere junge Brawo-Leserschaft!

Mick: Vielleicht könnte Dr. Somma darüber mal eine Vorlesung halten?!

Mario: Dort in den Studios auf dem Klo habe ich mir die kleinen Mistviecher wohl eingefangen. Die sanitären Bedingungen waren nicht so optimal. Die hölzerne Klobrille sah schon ziemlich fertig aus. Nun ja, habe es aber erst auf dem Rückflug nach Hannover gemerkt. Ich musste mich dauernd im Sackbereich kratzen, die anderen Passagiere glotzten schon etwas merkwürdig! Als Karin und ich dann Sex hatten, hat sie die kleinen Mistviecher gespürt und gesehen. Sie hat eine tierische Szene gemacht und ist ausgerastet. Sie dachte wohl, ich hätte dort auf La Gomera wilde Sexpartys mit den gut aussehenden, jungen gomerianischen Mädels gefeiert, aber das war nicht so, jedenfalls nicht bei mir.

Tony: Ich habe noch Kontakt zu ihr. Wir telefonanieren hin und wieder mal. Sie lebt inzwischen zurückgezogen auf der Insel Juist, ist eine erfolgreiche Autorin erotischer Romane.

BRAWO: Mick, nun zu dir, du warst Mitglied des berühmten Gesangs- und Theaterkombinats „Die Vollfichten" aus dem Erzgebirge und ihr hattet sogar einen Hit.

Mick: Der Name „Die Vollfichten" war nur ein Deckname. Dahinter verbarg sich eine Kommune nach westlichem Vorbild. Wir nannten uns „De Abdichten" und machten sogenanntes Untergrund-Theater für Randgruppen und Andersdenkende in der DDR, mit dem Ziel, eine friedliche Revolution herbeizuführen, was ja auch einige Jahre später geklappt hat!

BRAWO: Das ist ja sehr spannend. Erzähl weiter!

Mick: Also, mit dem Stück „Befreit Euch, Geht Nicht Zur Arbeit" zogen wir quer durch die DDR. Es war eine Art tragische Komödie mit einigen Gesangs- und Tanzeinlagen. Das Lied „Ja, brennt denn meine Tüte, meine Tüte noch?!" wurde zu einer Art Hymne der Untergrundbewegung. Es war eine Billigproduktion auf Musikkassette, die wir bei Auftritten verteilten. Das Ganze verselbstständigte sich schnell und wurde in der Untergrundbewegung zum absoluten Hit. Unsere Auftritte wurden immer kurzfristig bekannt gegeben, über Mundpropaganda weitergeleitet und fanden meistens an geheimen Orten statt. Bei einer Freiluftveranstaltung im Sommer 1983 in Bitterfeld wollten wir für bessere Luft sorgen und rauchten eine Tüte auf der Bühne. Wir wurden daraufhin verhaftet und kamen für eine Nacht ins Gefängnis! In der Kommune lernte ich übrigens auch unseren Gitarristen Bob kennen, der damals in der Punk´n´Roll Band „Die sechs Dildos" spielte.

Tony: Ihr großes Vorbild waren die Sex Pistols aus England. Eigentlich nannten sie sich „Sex Dildos", aber sie mussten auf Anordnung von Oben den Namen ändern.

BRAWO: Mick, ihr wurdet 1983 aus der DDR abgeschoben. Wie kam es dazu?

Mick: Nach dem Zwischenfall in Bitterfeld standen wir unter zunehmender Kontrolle der Stasi. Inzwischen wohnten wir in Berlin-Ost. Auch die Band von Bob stand schon einige Zeit unter Beobachtung des MfS. Die Texte der Songs wurden kontrolliert und zensiert und mussten korrigiert beziehungsweise entschärft werden. Schließlich bekam die Band ein Auftrittsverbot. Schade, dass Bob heute Abend nicht dabei sein kann.

BRAWO: Ich habe mich schon gewundert, wo ist der fünfte Mann?

Mick: Bob liegt mit einer Infektion auf der Quarantänestation im Tropenkrankenhaus von Hamburg. Er war einige Wochen in Indien unterwegs und hat sich einen merkwürdigen Virus eingefangen.

Tony: Bob und seine Band traten damals trotzdem weiter auf, im Rahmen von sogenannten Privatveranstaltungen, oder sie gaben die Auftritte erst kurzfristig über Mundpropaganda bekannt.

Mick: 1983 eskalierte die Situation. Es wurde immer schlimmer. Wir wurden zu Klassenfeinden der DDR-Regierung erklärt! Konnten nichts mehr machen, standen unter ständiger Beobachtung und Aufsicht von irgendwelchen Kontrollorganen. Und dann im Oktober das Friedensfest im Palast der Republik mit Udo Lindenberg und Harry Belafonte. Die eigentlichen Lindi-Fans standen vor dem Palast, der vollständig überwacht wurde. Drinnen saß hingegen ein auserwähltes Publikum von FDJ-Blauhemden und SED-Parteimitgliedern. Wir standen auch draußen und wollten rein. Am Absperrgitter spielten sich tumultartige Szenen zwischen den Lindi-Fans und den Ordnungskräften der FDJ und Staatssicherheit ab. Zahlreiche Fans wurden verhaftet und kamen in Sicherheitsverwahrung. Es war schlimm, die sogenannten Sicherheitskräfte griffen brutal durch, es gab etliche Verletzte. Wir wohnten damals zu sechst in einer Kommune in Ostberlin. Einige Zeit später, es war ein kalter Novembermorgen, standen Mitarbeiter der Stasi und einige Vopos vor unserer Haustür. Wir konnten noch unsere wichtigsten Sachen zusammenpacken, dann wurden vier von uns über den Transitübergang Berlin-Friedrichstraße nach Berlin-West abgeschoben. Bob und ich wohnten zunächst bei Freunden in Kreuzberg. Sie hatten eine komplette Etage einer stillgelegten Fabrik angemietet. Einige von ihnen spielten in der Polit-Rockgruppe Lohn, Scheine, Erben. Dort erzählte uns auch ein Mitglied der Kommune, dass unser ehemaliger Mitbewohner Horst ein inoffizieller Mitarbeiter der Stasi war. Da war ich echt geschockt, damit hatte ich nicht gerechnet. Er war für uns als Fahrer und technischer Helfer tätig gewesen. Kurz nach dem Mauerfall ist er unter merkwürdigen Umständen ums Leben gekommen.

BRAWO: Was ist passiert?

Mick: Er ist an einer Überdosis erstickt.

BRAWO: Heroin oder was?

Mick: Nein, an einer Überdosis Bananen!

BRAWO: Das glaub ich nicht!

Mick: Sein Vermieter fand ihn eines Morgens leblos in der Küche vor. Er saß weit nach hinten gebeugt auf einem Küchenstuhl. Aus seinem weit geöffneten Mund quollen lauter Bananen. Die ganze Küche war übersät mit den Früchten!

BRAWO: Das ist ja Wahnsinn!

Mick: Tragisch, aber auch irgendwie komisch.

BRAWO: Eine kuriose Geschichte. Ich weiß nicht, ob ich lachen oder weinen soll.

Mick: Tu am besten beides!

Tony: Ja, genau! Immer Abwechselnd!

BRAWO: Wie ging es weiter? Wie sind Die Slipeinlagen nun entstanden?

Mick: Also, mit dem Sänger von Lohn, Scheine, Erben, Leo Heiser, gingen wir eines Abends ins Quartier Latin, ein ehemaliges Kino. Dort spielte die Band Nektar. Auf der anschließenden Backstageparty lernten wir Conni und Tony kennen.

Tony: Wir waren für einige Tage nach Berlin gereist und wollten ordentlich ein´ drauf machen!

Conni: Und Abstand gewinnen. Unsere gutlaufende Rhythm & Bluesband Baby Jane hatte sich gerade aufgelöst, was wir sehr schade fanden, aber unser Sänger wollte nicht mehr.

Mick: Wir machten einige Demoaufnahmen in dem Tonstudio von Lohn, Scheine Erben. Leo hatte gute Kontakte zu einer Plattenfirma in Hannover und schickte das Material rüber.

Conni: Wir bekamen dann eine Einladung für eine Aufnahmesession.

Mick: Ja, wir fuhren dann mit Conni und Tony zusammen nach Hannover.

Tony: Einen Bassmann hatten sie für uns zur Verfügung gestellt.

Conni: Mario Huana. Ein bekannter Studiomusiker aus Hamburg.

Mick: Dort in der Plattenfirma machten wir an einem Wochenende zwei Aufnahmesessions. Es war toll. Alles passte wunderbar zusammen.

Conni: Nach der zweiten Session war alles klar. Das Ganze musste natürlich noch begossen werden, außerdem fehlte uns noch ein geeigneter Bandname.

Tony: Wir gingen daher in eine nahegelegene Kneipe. Ich glaub, es war die „Gemütliche Ecke".

Mick: Genau! Dort nahmen wir eine ordentliche Druckbetankung vor!

Conni: Und diskutierten lange über einen Bandnamen.

Tony: Wir entschieden uns für „Die Slipeinlagen".

Mick: Ja, leider! Ich wurde überstimmt! Mein Favorit war „Beischlaf oder Harndrang!"

BRAWO: Warum „Die Slipeinlagen?"

Tony: Wir wollten etwas Provokantes. Einen Namen, der bei den Leuten hängen bleibt.

Mick: Der Name hat ja was von Sicherheit, Wohlbehagen und sich wohlfühlen! Oder?

BRAWO: Kann schon sein. Ich hab noch nie eine getragen!

Conni: Das kommt noch. Irgendwann kommen wir alle in ein Alter, wo wir sowas brauchen werden!

BRAWO: Das kann schon sein.

Mick: So ´ne Slipeinlage gibt schon Sicherheit. Im zarten Babyalter waren es die Windeln und im hohen Alter, wo es nicht mehr dicht hält , sind es halt die Slipeinlagen!

Conni: Oder die Monatsbinden!

BRAWO: Eine andere Frage. Wann habt Ihr eure erste Platte aufgenommen?

Mick: Das war 1985, mit Material von der zweiten Aufnahmesession. Wir haben es natürlich nochmal überarbeitet.

Tony: Und zwar hier in den Katakomben der Schwanenburg.

Mick: Die Platte mit dem tollen Titel „Was tun?". Weihnachten 1985 kam das Teil auf den Markt.

Conni: Parallel dazu unternahmen wir eine kleine Tour durch Clubs in Norddeutschland.

BRAWO: Okay, das soll erst mal reichen. Machen wir mit Tony weiter. Was hast du vorher gemacht?

Tony: Ach, alles Mögliche, einige Zeit war ich beim Film!

BRAWO: Wie, du warst Schauspieler?

Tony: Aber ich hatte nur kleinere Rollen in diversen Filmen. Mitgewirkt habe ich unter anderem in der Komödie „Die notgeilen Bruchpiloten vom Stoehner See", in dem Bergdrama „Ein Abend auf der Heidi", mit der damals noch unbekannten Heidi Rumm in der Hauptrolle, und in dem Trash-Movie „Der Rindsrouladenpopper aus Halstenbek-Krupunder", so eine Art tragische Sexkomödie unter der Regie des bekannten Filmemachers Luigi Fickipaldi aus Südtirol.

BRAWO: Den kenn ich zwar nicht, aber erzähl weiter.

Tony: Es geht um einen Auslieferungsfahrer, der bei einer Großschlachterei in Halstenbek arbeitet und in seiner Freizeit bizarre Sexpraktiken ausübt.

BRAWO: Ah ja, verstehe, und du spielst die Rindsroulade?

Tony: Nein, Mann! Ich hab die Hauptrolle, ich fülle sie, verstehst du?!

(betretenes Schweigen)

BRAWO: Ach so, na klar, so meinst du das!

Tony: Der Film nimmt allerdings ein tragisches Ende. Jochen, der Auslieferungsfahrer, ertrinkt im Morgengrauen mit einer Handvoll gefüllter Rindsrouladen im Krupunder See.

BRAWO: Aber soviel ich weiß, ist der See doch nur einen Meter tief!

Tony: Deshalb ist das Ende ja so tragisch.

BRAWO: Ach so, verstehe.

Mick: Ein Wahnsinnsstreifen, muss du dir unbedingt mal reinziehen. Das sag ich dir!

BRAWO: Also gut, meine Herren, kommen wir zum großen Thema für die nächste Brawo-Ausgabe. Ich steck mir erst mal ´ne Zigarette an. Wer möchte noch?

Conni: Klar, warum nicht, was rauchst du denn?

BRAWO: Peter Stuyvesant.

Tony: Du hast es wohl mit den Peters! Peter Maffey, Peter Stoßmichsanft. Bist du eigentlich schwul, oder was? Deine Peter Stoßmichsanft kannst du dir sonst wo hinstecken!

Mick: Lass man, Alter, aber deine Stoßmichsanft können wir noch zum Bauen nehmen.

Conni: Eine gute Idee, ist noch was von dem schwarzen Afghanen da?

Mario: Müsste auf dem Bassverstärker liegen, ich schau mal nach!

BRAWO: Was ja eure zahlreichen Fans am meisten bewegt, ist die Frage, was für eine Botschaft ihr mit eurer Musik rüberbringen wollt. Könnt ihr da vielleicht was zu sagen?

Tony: Wie Botschaft? Rüberbringen? Willst du uns verarschen? Worum geht´s hier eigentlich?! Ich glaub, ich bin im falschen Film! Verstehst du unsere Texte nicht? Singen wir etwa in Molukkisch, oder was?

BRAWO: Nun ja, was sich vielleicht in den letzten 20 Jahren so verändert hat?

Mick: Die akustische Umweltverschmutzung hat enorm zugenommen, Mann! Dieser ganze Dudelfunk, diese ganzen Castingshows im Glotzephon. Big Brother, DSDS, Ich bin ein Star, holt mich hier raus, und wie sie alle heißen. Das ist ja zum Brechen, Mann! Das ist ja schlimmer als die Neue Deutsche Welle anfangs der 80er-Jahre! Heutzutage kann anscheinend jeder Heiopei ein Star werden.

Conni: So, meine Herren, beruhigen wir uns erst mal! Eine kleine Rauchpause tut uns vielleicht ganz gut. Die Tüte ist fertig! Wer will zuerst ansaugen?

(er entzündet die dreiblättrige Tüte)

Mick: Omar, willst du auch mal ziehen?

BRAWO: Lieber nicht. Das ist nicht so mein Ding.

Mario: Stell dich nicht so an, du bist hier bei den Slipeinlagen. Die beste Rock´n´Roll-Band auf diesem Planeten. Nimm mal ´nen ordentlichen Zug!

BRAWO: Na gut, bevor ich mich schlagen lasse ... Aber nur einen Zug!

Tony: Kommt danach!

(alle grölen, außer Omar, der jetzt einen kräftigen Zug nimmt)

Mick: Einen schönen Anzug hast du da an, war bestimmt nicht billig, oder?

Tony: Mit deinem grasgrünen Anzug siehst du aus wie ein Laubfrosch!

Conni: Nur dass ein Laubfrosch nicht so große, abstehende Ohren hat!

(alle grölen)

Mick: Der ist bestimmt maßgeschneidert, stimmt´s?!

(Die Tüte ist weiter am Kreisen und Omar nimmt auch noch ´nen fetten Zug!)

BRAWO*: (...hustend)* Ich habe ihn letzten Monat von meiner Chefin für außerordentliche Leistungen geschenkt bekommen.

Tony: Hast es ihr ordentlich besorgt, was?

BRAWO: Bitte, können wir wieder zum eigentlichen Thema kommen?

Mick: Nein! Ich habe keinen Bock mehr auf diesen ganzen Scheiß! Schluss, aus! Jetzt stellen wir die Fragen!

Mick: Also, welche Schuhgröße hast du? Wann hast du das letzte Mal ordentlich in der Nase gepopelt?

Conni: Und welche Größe haben überhaupt deine Unterhosen oder trägst du gar keine?

Tony: Sind es Feinripp-Unterhosen mit seitlichem Eingriff oder im Schritt offen?

Mario: Und überhaupt, wann hast du das letzte Mal so richtig ordentlich onaniert?

BRAWO: Äh, Moment mal, ich glaube ... Oh Mann, die Tüte haut ganz schön rein ...

Mick: Mann, was denkst du denn, das ist Schwarzer Afghane!

Toni: Der zieht dir die Schuhe aus!

BRAWO: Kann ich weitermachen ...

Mario: Klappe! Wusstest du übrigens schon: Wer einmal in seinem Leben so richtig schön onaniert hat, der weiß, dass Geschlechtsverkehr nur eine billige Ersatzbefriedigung ist. Wusstest du das?

Conni: Das sind alles wichtige, lebensentscheidende Fragen! Wir warten auf Antworten, also, was ist?

Mick: Omar, ich würde gern mal deinen schicken Anzug anprobieren. Vielleicht sollten wir solche maßgeschneiderten Anzüge bei unseren nächsten Gigs tragen!

Tony: Tolle Idee, Mann! Also, Omar, leg ab!

BRAWO: Wie jetzt, was soll das?

Mick: Mach dich frei, Mann. Lass den schicken Fummel rüberwachsen!

BRAWO: Kommt gar nicht in frage, den behalte ich schön an.

Tony: Tja, dann müssen wir dir wohl beim Auskleiden helfen!

Mario: Los jetzt, worauf warten wir noch?!

Hier wird das Tonbandprotokoll zunehmend undeutlicher, man versteht kein Wort mehr ...

Ein Handgemenge beginnt. Die Situation eskaliert offenbar. Diverse Gegenstände fallen zu Boden. Jemand stürzt ins Schlagzeug, ist es Omar?

Man hört einige schrille Schreie, dann herrscht plötzlich völlige Stille ...

Anscheinend ist das Tonaufzeichnungsgerät zu Boden gefallen und hat den Geist aufgegeben - oder es wurde abgeschaltet, wer weiß das schon.

Was danach geschah

Zeitungsartikel aus dem
„LEERTER BEOBACHTER" (LB)
vom Samstag, den 11.07.1998:

Mann nackt zwischen Rhododendronbüschen gefunden

LEERTE (LB). Am frühen Freitagmorgen, gegen 7 Uhr 45, fand der Gärtner der Schwanenburg, Werner Gpunkt, in der Parkanlage einen nackten Mann. Er lag zwischen den Rhododendronbüschen in der Nähe des Gartenpavillons, der ausgebrannt war.

Der Mann hatte keine Papiere bei sich und sprach wirres Zeug. Er erzählte, er müsse mal dringend aus der Hose, obwohl er gar keine Kleidung trug. Neben ihm befanden sich eine abgerollte Tonbandspule und angesengte Kleidungstücke, die von Ordnungskräften sichergestellt wurden.

Der Gärtner verständigte sofort die Polizei und den Hausarzt der Schwanenburg, Dr. Notdurft, der erfolglos versuchte, Kontakt mit dem Unbekannten aufzunehmen. Die Polizei brachte den verwirrten Mann in den Ausnüchterungs- und Wellnessbereich der Polizeidienststelle in Leerte. Die Räumlichkeiten der Schwanenburg wurden nach weiteren Indizien durchsucht. Es wurden jedoch keine weiteren angetroffen.

Der Mann konnte erst am nächsten Tag verhört werden. Es handelte sich um den 29-jährigen Brawo-Journalisten Omar Rockschalk aus Hamburg, der keine näheren Angaben dazu machen konnte, wie es zu dem Vorfall kommen konnte. Der Arzt aus dem Ausnüchterungsbereich, Dr. Breitner, bescheinigte ihm eine massive Amnesie.

Untersuchungen ergaben, dass er unter Alkoholeinfluss stand. Er hatte 3,69 Promille Alkohol im Blut, ferner konnten diverse Rauschmittel wie Kokain, Cannabis und Schlaftabletten nachgewiesen werden.

Die medizinisch-fachliche Meinung von Dr. Breitner lautete: „Hut ab, was in diesen Mann so reinpasst!"

Die Chefredakteurin der Musikzeitschrift Brawo, Rita Hohlen, äußerte sich geschockt über den Vorfall und war zu einer weiteren Stellungnahme nicht bereit. Sie sprach von einem Anschlag und wollte die weiteren Untersuchungen der Kriminalpolizei abwarten.

Auch der zuständige Pressesprecher von der Plattenfirma der „Slipeinlagen", AVM (Aloha-Vera-Musik) Hannover, Wolfgang Wangenklang, wollte sich zu dem Vorfall in der Schwanenburg nicht äußern.

Wie aus Insiderkreisen zu erfahren war, gibt es zwischen der Band und der Plattenfirma erhebliche Meinungsverschiedenheiten darüber, was ihre Musik und ihr Wirken anbelangt.

Es kursieren Gerüchte, dass die Band sich ins europäische Ausland abgesetzt haben könnte.

Wir werden weiter über den Vorfall berichten.

Zeitungsartikel aus dem
„LEERTER BEOBACHTER" (LB)
vom Mittwoch, den 12.08.1998

Brawo-Geschäftsleitung erstattet Anzeige gegen die Band Slipeinlagen

LEERTE (LB). Die Brawo-Geschäftsleitung hat bei der Polizeidienststelle in Leerte Anzeige gegen vier Mitglieder der hannoverschen Rock´n´Roll-Band „Die Slipeinlagen" erstattet.

Vorgeworfen werden ihnen Körperverletzung, versuchte Vergewaltigung und schwere Nötigung zum Drogenmissbrauch an dem Brawo-Journalisten Omar Rockschalk.

Wir berichteten von dem tragischen Vorfall in der Ausgabe vom 11.07.1998. Zu einer Stellungnahme war der Manager der Band, Willibald Wargina, nicht bereit.

Auch der Pressesprecher ihrer Plattenfirma wollte dazu keinen Kommentar abgeben außer, dass man erst mal abwarten wolle.

Wir werden weiter über den Vorfall berichten.

Nach seiner mehrwöchigen Ausnüchterungskur hat Omar Rockschalk bei der Brawo gekündigt. Er will mit Musik nichts mehr zu tun haben. Die Chefredakteurin der Musikzeitschrift hat das sehr bedauert.

Was damals wirklich passiert ist, wird wohl nie ans Tageslicht kommen. Auch nach einigen Verhören des Drogendezernats konnte sich Herr Rockschalk an nichts erinnern.

Vielleicht ist es besser so.

Die Anzeige gegen Die Slipeinlagen wurde zurückgezogen. Die genauen Gründe sind nicht bekannt. Angeblich sollen Schmiergelder in beträchtlicher Höhe geflossen sein. Beide Parteien hüllen sich in einen Mantel des Schweigens.

Die Slipeinlagen gelten seit dem Vorfall als verschollen. Angeblich haben sie sich nach Marokko abgesetzt. Letzten, nicht bestätigten Medienberichten zufolge sollen sie sich im südlichen Nepal aufhalten, wo sie mit einheimischen Musikern in einer Landkommune leben.

Angeblich ist eine neue Platte mit dem Arbeitstitel „Free to be stoned for the rest of my life" und eine Tour durch Indien und Pakistan mit dem bekannten Nepal Kiff Orchestra geplant.

Eins ist auf jeden Fall sicher:

Einmal im Jahr, meistens kurz vor Ostern, erscheint eine mysteriöse, in einen langen, grauen Ledermantel gehüllte Gestalt im hannoverschen Büro der Plattenfirma AVM.

Es ist ihr Manager und Anwalt, Willibald Wargina, der den jährlichen Scheck für ihre nach wie vor gut laufenden Plattenverkäufe entgegennimmt.

Ansonsten ...

Der zweite Gitarrist der Band, Bob Geilman, startete eine erfolgreiche Solokarriere als Singer -and Songwriter. Später gründete er in Kiel mit Benno Lau die Concert- und Cateringagentur Geilmann & Fuerlau Events.

Die Schwanenburg musste nach einem verheerenden Feuer wegen akuter Einsturzgefahr abgerissen werden. Heute befindet auf dem Gelände ein Grillplatz mit Abenteuerspielplatz und einer Holz-Achterbahn.

Omar Rockschalk arbeitet inzwischen als TV-Moderator beim Fernsehen, wo er die erfolgreiche RFFS-Tierquiz-Sendung „Mein Wellensittich und ich" moderiert.

Der Hausmeister und Gärtner der Schwanenburg, Werner Gpunkt, war früher Artdirektor und Manager der bekannten hannoverschen Bluesband Sixpack Bluesgang. In Fachkreisen nennt man ihn auch „Greeny Fingers" - wegen seiner gärtnerischen Fähigkeiten natürlich! Was sonst?!

Zeitungsartikel aus dem
LEERTER BEOBACHTER (LB)
vom Montag, den 12.04.1999:

Schrecklich!!
Verheerendes Feuer in der Schwanenburg

Alle Besucher konnten sich retten.
Brandursache: ein glimmender Joint.
Schwanenburg stark beschädigt.

LEERTE (LB). Ein verheerendes Feuer wütete in der Nacht zum Sonntag in der Schwanenburg. Als der Brand ausbrach fand im ausverkauften Veranstaltungssaal eine CD-Release-Party der ostfriesischen Gothic-Band „Die schwarzen Tulpen" statt.

Auch in der Bar nebenan hielten sich zahlreiche Besucher auf. Alle Anwesenden konnten sich rechtzeitig in Sicherheit bringen. Das Feuer brach vermutlich in der Bar aus und breitete sich rasch aus.

Laut Aussage von Ortsbrandmeister Friedhelm Feuerstein gilt als Brandursache ein noch glimmender Riesenjoint in der Kiff-Lounge der Bar. Die Polizei hat diesbezüglich Ermittlungen aufgenommen.

Durch das Feuer und den massiven Löschwassereinsatz ist die Schwanenburg stark beschädigt worden und darf zurzeit nicht betreten werden. Es besteht akute Einsturzgefahr.

Alle Veranstaltungen für die nächste Zeit mussten abgesagt werden, zum Teil werden sie in das Capitol nach Hannover verlegt. Die neuen Termine werden wir rechtzeitig bekannt geben.

„LEKKA ´M´ MUND"

kommt aus dem Beusistaanischen und bedeutet so viel wie:
„Oh, ist das lecker im Mund!"

Das Restaurant für den ernährungsbewussten Mucker
mit
biodynamischer Vollwert-Küche in der Schwanenburg in
Leerte

Unser Chef-Gourmetkoch Hugo Hanf empfiehlt das Tagesgericht:

- Eine Spezialität des Hauses -
Knuspriger Hanfbraten mit frischem Maschseetang-Gemüse
auf gedopten Kartoffeln.

****

- Als Dessert empfehlen wir -
erfrischenden Kiwi-Stachelbeer-Quark mit feinem,
untergehobenem grünem Türken
(auf Wunsch mit individueller Dosis)

****

- Damit der Tag gut anfängt -
POWER-MÜSLI
Dr. Steifenmachers Müsli
(mit getrockneten, im Mörser zerstampften Fliegenpilzen)

- Für den kleinen Hunger zwischendurch -

KONGO-BURGER
leicht und lecker
(mit einer Prise Kongo-Gras)

OMELETT
mit frisch geernteten Mushrooms aus der Region
(nicht täglich, bitte erfragen)

****

- Für den Kuchenfreund -
Omas Topfkuchen mit frischem Mohn
oder eine Marihuana-Mandel-Schnitte
auf Wunsch mit frischer Schlagsahne
von glücklichen Kühen,
denn sie werden mit Kongo-Gras gefüttert!

****

- und zum Abdichten -
SCHWANENFATZ
Ein hochprozentiger Cocktail mit einem Schuss O (Opium)

Vollmond

Text: Tom Schrader
Musik: Das Dritte Ohr
Album: Himmel oder Hölle (1982)

Als ich heute aufstand sagte ich mir,
heute kein Alkohol, nicht mal ein Bier.
Später am Abend so gegen Zehn
war´s schon zu spät, ich konnt kaum noch
stehen!

+++

Vollmond lässt mir keine Ruh,
kaum bin ich durch, bin ich schon wieder zu!

+++

Die letzte Kneipe schon platzt aus allen Nähten
kein Stuhl ist frei, kein Platz an der Theke.
Die Wirtin freut sich, das Bargeld lacht,
der letzte Blaue wird heute plattgemacht!

+++

Vollmond lässt mir keine Ruh,
kaum bin ich durch, bin ich schon wieder zu!

+++

Bier auf Bier läuft mir durch die Kehle,
denk nicht dran, dass ich die Leber quäle.
Schnaps rotiert wie ein Kreisel im Magen,
fühl mich wohl und bin voll bis zum Kragen!
Vollmond lässt mir keine Ruh,
kaum bin ich durch, bin ich schon wieder zu!

+++

Um acht Uhr morgens jetzt ist Schicht
die letzte Kneipe macht auch noch dicht.

Schließlich geh ich nach Haus,
der Boden schwankt,
werf mich aufs Bett und knall gegen den Schrank!

+++

Vollmond lässt mir keine Ruh,
kaum bin ich durch, bin ich schon wieder zu!

NEUES
VON DEN
(EX) SLIPEINLAGEN
(2014)

Tony Ohm (The Flying Pantyliners) bei einem
Auftritt im Music-Club Chaballah in Beusel
(Beusistaan).

(Foto: Jo Rednas)

Endes des Jahres 2013 reiste der bekannte Musikjournalist Jo Rednas im Auftrag der renommierten Musikzeitschrift MDL, „MyDingaLing", benannt nach dem bekannten Chuck Berry Klassiker „My Ding-A-Ling", in das geheimnisvolle, nahezu unbekannte Beusistaan. Er hatte den Auftrag erhalten, einen Artikel über die dortige Musikszene zu schreiben.

Beusistaan mit der Hauptstadt Beusel-City ist ein autonomer Zwergstaat und ungefähr so groß wie Liechtenstein. Er liegt im fernen, fernen, weit verwinkelten Ostasien und ist den meisten Europäern völlig unbekannt.

Am besten man reist über den Nachbarstaat Kannabistaan mit der Hauptstadt Nabista ein. In Nabista gibt es einen kleinen beschaulichen Flughafen. Von dort starten Direktflüge mit der Nabista Airlines nach Beusel-City, Flugzeit eine knappe Stunde.

Empfehlenswert ist eine Rundreise mit dem legendären Beuseldelia-Dampfzug-Express. Nach Kannabistaan fliegt man am besten und am günstigsten von der Schweiz aus, Direktflüge Basel-Nabista haben eine Flugzeit von ungefähr neun Stunden.

In einem Music-Club, im „Chabalallah" in Beusel, machte Jo Rednas eine sensationelle Entdeckung. Auf der Bühne stand eine fünfköpfige Band, die mächtig rockte. Sie spielten Coversachen und unbekannte Stücke und der Sänger der Band kam dem Journalisten bekannt vor. Er dachte einige Zeit nach und dann fiel es ihm wie Schuppen von den Haaren: Es war Mick Sweetwood von den verschollenen Slipeinlagen. Nach dem Konzert gelang es ihm, in den Backstagebereich zu kommen und Kontakt mit ihm aufzunehmen. Die beiden verabredeten sich in der nahegelegenen Cocktail-Bar „El Promillo", wo die beiden einige „Blue Beusel on the Rocks" - aber ordentlich geschüttelt! - zu sich nahmen.

Der Sänger versprach Jo Rednas für den nächsten Tag ein Exklusiv-Interview mit einigen interessanten Neuigkeiten. Er lud den Journalisten zu einer Party in einem Hotel ein, wo vorher das Interview stattfinden sollte.

Freitag, der 12.11, Spätnachmittag

Am Interview sind beteiligt:

der Musikjournalist Jo Rednas und die Bandmitglieder Mick Sweetwood und Tony Ohm.

MDL: „Hallo Mick, seit Eurem Verschwinden - oder soll ich sagen Abtauchen? - sind ja nun einige Jahre vergangen."

Mick: „Zehn Jahre ungefähr, da ist einiges passiert."

MDL: „Du hast letzte Nacht in der Bar schon einige Themen angeschnitten und mir interessante Neuigkeiten für das heutige Interview versprochen. Ich bin schon gespannt!"

Mick: (etwas angeschlagen, mit einer Weihnachtsmütze auf, aber rasiert): „Du bist der Erste auf diesem Planeten, der diese Neuigkeiten erfährt!!"

MDL: „Ich halte es kaum aus, fangen wir an! Was habt ihr die letzten Jahre so getrieben? Ihr galtet ja lange Zeit als verschollen."

Mick: „Verschollen nicht, wir sind nur verschwunden!"

MDL: „Wie auch immer."

Mick: „Wir haben einige Zeit bei Freunden in Marokko gelebt und sind dann mit einem alten, umgebauten

Mercedes-Bus durch die Gegend gereist. Wir haben Kontakt mit einheimischen Musikern aufgenommen und zusammen musiziert. Da gibt es auch Aufnahmen von, die Platte heißt „Slipeinlagen´s Reise".

MDL: „Wie ging es weiter?"

Mick: „Von Marokko aus ging es dann weiter nach Nepal, wo wir lange Zeit in einer Landkommune gelebt und musiziert haben."

MDL: „Wann war das und mit wem habt ihr Musik gemacht?"

Mick: „Das muss so im Jahre 2001 gewesen sein. Wir haben uns dort mit dem bekannten Nepal Kiff Orchestra, NKO zusammengetan. 2002 unternahmen wir mit der Sessionband Kiffliner-Express, ein Zusammenschluss aus Musikern von den Slipeinlagen und dem Nepal Kiff Orchestra, eine ausgedehnte Tour durch Nepal, Pakistan und Indien. Die Tour nannte sich „Kiffing For A Free World". Wir waren ungefähr drei Jahre damit unterwegs. Bei einigen Konzerten hat auch Bob mitgespielt. Diese Tour war für uns alle eine enorme Bewusstseinserweiterung, sowohl musikalisch als auch lebensphilosophisch, und hat einiges an uns verändert. Wir haben übrigens einiges an Konzerten mitgeschnitten. Die Aufnahmen sind erschienen bei dem kleinen schweizerischen Plattenlabel „Flying Cats", das sich auf Bootlegaufnahmen spezialisiert hat. Es gibt eine umfassende Box, die nennt sich „Die musikalische Odyssee der Slipeinlagen."

MDL: „Waaahnsinnn! Da würde ich gern mal ein Ohr nehmen!"

Mick: „Solltest du unbedingt tun, ich werd dir nachher eine mitgeben."

MDL: „Oh, danke, das ist nett! Was ist weiter mit der Band passiert?"

Mick: „ Nun ja, in Nepal haben wir die Band aufgelöst. Conni und Mario sind dort geblieben und leben jetzt in einer Landkommune. Ab und zu gehen sie mit dem NKO auf Tour."

Tony: „Und Mick und ich hatten beschlossen, ein neues Bandprojekt aufzuziehen und unsere musikalischen Erfahrungen dort mit einzubringen. Uns wurde von nepalesischen Musikern empfohlen, nach Beusistaan zu reisen. Und wirklich, hier gibt es eine kreative, erfolgversprechende Szene mit tollen Musikern."

Mick: „Unsere letzte Reise mit unserem klapprigen Bus ging denn also hierher!"

MDL: „Wann war das, Tony?"

Tony: „Schon ein paar Jahre her, ungefähr seit 2005."

MDL: „Darf ich eine direkte Frage stellen?"

Tony: „Natürlich, Mann!"

MDL: „War euer plötzliches Verschwinden damals geplant."

Tony: „Gewissermaßen, bis auf Bob, der nicht mitwollte."

Mick: „Ja, er wollte lieber in Deutschland bleiben und eine Solokarriere starten. Inzwischen hat er ja eine erfolgreiche Konzertagentur am Laufen."

Tony: „Wir hatten vor, eine musikalische Reise zu unternehmen und uns mit Musikern aus anderen Kulturkreisen auszutauschen und zusammen zu spielen. Viele bekannte Musiker haben das schon getan. Ich denke da an Jimmy Page und Robert Plant von Led Zeppelin oder an Brian Jones von den Stones, nicht zu vergessen die Beatles. Es gibt da zahlreiche Beispiele."

Mick: „Wiwa, unser Manager, hatte alles so weit vorbereitet. Der genaue Zeitpunkt stand aber nicht fest, der hat sich spontan ergeben."

MDL: „Tony, was macht eigentlich euer Manager?"

Tony: „Wiwa hat sich zurückgezogen. Er hat jetzt einen festen Wohnsitz auf seiner Lieblingsinsel La Gomera und hat sich in Agulo eine Finca mit einer Bananenplantage zugelegt. Nebenbei kümmert er sich um die einheimische Musikszene. Letztes Jahr hat er sogar seine langjährige Freundin Karin geheiratet. Wir pflegen regelmäßigen Kontakt und telefonieren über Satellitentelefon. In wichtigen Angelegenheiten steht er uns jederzeit zur Verfügung."

Mick: „Ansonsten versuchen wir hier aber alles selber zu regeln."

MDL: „Mick, eine andere für mich wichtige Frage würde ich gerne ansprechen. Ihr wurdet ja damals als die deutschen Stones gehandelt, habt immer noch viele Fans in Deutschland und eure Plattenverkäufe laufen erstaunlich gut. Kannst du dir vorstellen, nach all den Jahren nach Deutschland zurückzukehren?"

Mick: „Zum einen, mit den Stones, das ist so eine Sache - ja, kann sein, in der Anfangszeit von den Slipeinlagen, also, vielleicht auf den ersten Scheiben, da haben wir so geklungen. Bei Liveauftritten haben wir ja auch hin und wieder mal eine Stones-Nummer gespielt. Wenn es denn so sein soll, warum nicht? Mich stört der Vergleich nicht, im Gegenteil!"

Tony: „Dazu fällt eine Geschichte ein! Ist schon einige Zeit her, noch zu Slipeinlagen-Zeiten, Mitte der 90er- Jahre. Mick und ich waren nach einem Auftritt im Capitol in Hannover auf einer Sauftour durch die Gemeinde und machten die Nacht durch. Am nächsten Morgen, es war ein Samstag, machten wir einen Flohmarktbummel und gingen anschließend in den Flohzirkus zum Frühschoppen, um einen Absacker zu uns zu nehmen. Dort spielte eine richtig gute Stones-Coverband, sie traten dort unter dem Pseudonym „The Calling Phones" auf. Eigentlich nannten sie sich wohl „Rocks Off". Die waren echt gut, sie spielten die alten Stonessongs, also Midnight Rambler, Honky Tonk Woman, Brown Sugar und so was."

Mick: „Sie klangen wie die alten Stones! Und der Sänger hat gesungen wie Mick Jagger, nur besser!"

Tony: „Und dann spielten sie als letztes Stück in dem Set Everybody Needs Somebody To Love, also pur in der frühen Stones-Version."

Mick: „In der Pause legte der DJ dann die aufgemotzte Bluesbrothers-Version auf, mit Gebläse und so."

Tony: „Ja, das fand ich voll Scheiße von dem DJ, war völlig daneben!"

Mick: „Ich hatte mich noch eine Weile mit dem Sänger unterhalten, er nannte sich glaub ich Tom Alien, ein netter Bursche "

MDL: „Ich erinnere mich, Rocks Off, die waren ziemlich bekannt und angesagt in Deutschland, haben einige Jahre was gemacht, haben sich aber leider aufgelöst."

Mick: „Schade eigentlich, die waren echt gut, die haben das super hingekriegt!"

MDL: „Kommen wir zum Thema zurück. Mick, könnt Ihr euch vorstellen, nach Deutschland zurückzukehren?"

Mick: „Warum? Ich denke mal nicht. Unsere neue Heimat ist Beusistaan. Wir fühlen uns hier sauwohl und können alles locker angehen."

Tony: „Wir machen hier alles selbst und keiner schreibt uns was vor."

Mick: „Wenn ich damals denke ...Wir waren ständig auf Tour, die Plattenfirma machte Druck und saß uns im Nacken, ständig diese Interviews für alle möglichen Käseblätter, ständig die Streitereien, was die musikalische Ausrichtung der Band betraf. Da waren wir nicht mehr auf einer Welle."

Tony: „Bis auf Wiwa, der hielt immer zu uns!"

Mick: „ Stimmt, aber dann hatten wir ja noch vertragliche Verpflichtungen und mussten eine Scheibe abliefern. Wir hatten gerade ein Stück fertig, „Komm Spiel an mir", so wie das letzte Album auch heißt, ansonsten hatten wir kein einziges Stück!"

MDL: „Wie ist denn dann das letzte Album entstanden?"

Mick: „Conni kam auf die Idee, wir *leihen* uns die Songs für das Album einfach und verarschen die Plattenfirma nochmal richtig."

Tony: „Wir fanden das großartig!"

Mick: „Tja, die anderen Songs von diesem Album stammen alle von einem gewissen Rudi Schuricke. Ein Schlagersänger aus den 50er-Jahren, der so Gassenhauer gesungen hat wie „Frauen und Wein", „Sei lieb zu mir", „Frühling in Sorrent" und so was."

MDL: „Kenn ich. Nicht zu vergessen das Tangolied „Capri-Fischer". Mit diesem Titel erhielt er als einer der ersten Interpreten Deutschlands nach dem Krieg eine Goldene Schallplatte. Nur kurz, aber sehr erfolgreich war ein Comeback von Rudi im Jahre 1970 versucht worden. Mit einer Melodie von James Last, „So eine Liebe gibt es einmal nur", erklomm er noch einmal die Hitparade. Er trat zeitweise auch unter den Pseudonymen Michael Hofer und Rudolf Erhard auf. Von Freunden und Kollegen wurde er später, als er erfolgreich war, oft Rudicke gerufen. Er starb 1973 in München im Alter von 60 Jahren und wurde auf dem Friedhof in Herrsching am Ammersee beigesetzt."

Tony: „Der grelle Waaahnsinn, der Mann kennt sich aus in der Musikszene, Hut ab!"

Mick: „Nicht so wie die Pappnase damals in der Schwanenburg!"

MDL: „Meine Herren, das ist mein Job, davon lebe ich schließlich, aber trotzdem vielen Dank! Gerne können wir fortfahren."

Mick: „Wir haben uns die weniger bekannten Lieder von Rudi ausgesucht, die Arrangements etwas verändert, die ganze Sache in die Neuzeit transponiert und in ein Wolfgang Petry Schlager-mäßiges Soundgewand gesteckt. Und fertig war das Album!"

Tony: „Keiner hat was gemerkt! Unser Produzent, Nick Nubin, war zwar irritiert über die merkwürdigen Texte und schaute manchmal verwundert drein, was wir da musikalisch anstellten, aber er hielt uns nicht. Ich glaube sogar, er hat es irgendwann gemerkt, aber nichts gesagt."

Mick: „Eigentlich hätte das Album auch „Alles nur geklaut" oder „Die schönsten Lieder von Rudi Schuricke" heißen können."

MDL: „Trotzdem ist dieses Album ja bei den Leuten gut angekommen und kam sogar in die Charts."

Mick: „Das ist unglaublich. Es ging ja schon ziemlich in die Schlagerrichtung, der Sound war weichgespült. Wir haben dadurch zwar eine breitere Masse an Zuhörern erreicht, aber unsere alten Fans waren nicht so begeistert und haben bestimmt mit den Ohren geschlackert!"

Tony: „Es war unser Abschiedsgeschenk an die Plattenfirma. Sie haben ihr Album bekommen, wir haben unseren Plattenvertrag erfüllt und ordentlich Spaß gehabt."

MDL: „Danach erschien noch das Album, Die schönsten Melodien der Slipeinlagen."

Mick: „Das hat die Plattenfirma ein paar Jahre später nachgelegt, da waren wir schon über alle Berge!"

MDL: „Noch eine brennende Frage: Was ist damals in der Schwanenburg passiert?"

Tony: „Jo, keine Angst, wir werden dich nicht vergewaltigen!"

MDL: „Wie jetzt, wie ... wie meinst du das?!"

Mick: „Tja, Mann, wenn ich da an dieses bescheuerte Interview mit dem Brawo-Magazin denke ... Das brachte das Fass wohl endgültig zum Überlaufen."

Tony: „Wie hieß der Fuzzi nochmal?"

MDL: „Omar Rockschalk"

Mick: „Also, wir waren alle ziemlich breit und der Brawo-Fuzzi war daran nicht unbeteiligt, so viel ist mal klar! Irgendwann weit nach Mitternacht sind wir nach draußen in den Garten gegangen. Es war eine laue Vollmondnacht, wir saßen verteilt auf irgendwelchen Bänken. Der Brawo-Fuzzi war mit einer Zigarette im Gartenpavillon verschwunden und auf einmal stand der Pavillon lichterloh in Flammen. Wahrscheinlich ist er mit der Zigarette eingenickt, die zu Boden fiel oder so. Er kam herausgetorkelt und sein Anzug brannte schon. Wir liefen zu ihm, stürzten uns auf ihn drauf und erstickten die Flammen."

Tony: „Er lallte immerzu irgendwas von seinem Anzug. So was wie: Mein schöner Anzug, mein schöner Anzug, wenn das meine Chefin sieht!"

Mick: „Vergewaltigt haben wir ihn jedenfalls nicht."

MDL: „Ist ja gut, ich glaube es!"

Mick: „Die Anzeige gegen uns wurde zurückgenommen und die Staatsanwaltschaft hat das Strafverfahren kurze Zeit später eingestellt."

Tony: „Aber selbst wenn: Ein Auslieferungsabkommen zwischen Deutschland und Beusistaan gibt es nicht, also, was soll´s!"

MDL: „Was geschah weiter in dieser Nacht?"

Tony: „Wir haben ihn von seinem angebrannten Anzug befreit und ihn in sein Auto gesetzt."

Mick: „Er muss irgendwann zurückgekommen sein, hat sich den Rest ausgezogen und ist in die Büsche gefallen und bewusstlos liegen geblieben."

Tony: „Kann sein, da waren wir schon verschwunden."

Mick: „Stimmt."

MDL: „Kommen wir zu den aktuellen Ereignissen zurück. Gestern Abend im Club, war das die neue Band?"

Mick: „So ist es. Wir haben unter anderem Stücke von unserer neuen Scheibe gespielt, die aber noch nicht fertig ist."

MDL: „Die Sachen haben sich gut angehört."

Mick: „Da steckt auch viel Arbeit und Herzblut drin."

MDL: „Wer ist noch dabei?"

Mick: „An der Gitarre haben wir den Halbitaliener/Halbspanier Camillo, am Bass die junge Französin Chloe und an den Tasteninstrumenten den aus Bayern stammenden Alois. Am Schlagzeug natürlich Tony. Wie man sieht, eine internationale Besetzung."

MDL: „Und die ist hier entstanden?"

Mick: „Nicht ganz, wir haben in einem anderen Club ganz in der Nähe, dem „Chaballah", wo auch Sessions stattfinden, häufiger zusammen gespielt. Da hat es gefunkt auf der Bühne! Uns wurde klar, wir müssen was zusammen machen. Alois, unser Keyboarder, ist noch nicht so lange dabei, er stieß als Letzter dazu."

MDL: „Wie heißt die neue Band?"

Mick: „Flying Pantyliners. Pantyliner ist das englische Wort für Slipeinlage. Davor haben wir noch ein „Flying" gehängt - für den internationalen Durchbruch klingt das einfach besser!"

MDL: „Das klingt echt gut. Wollt ihr mit den Flying Pantyliners auf Tour gehen?"

Mick: „Wenn alles gut läuft, warum nicht?! Zurzeit arbeiten wir an den neuen Stücken. Einige sind schon im Kasten. In der Nähe von Beusel, in dem kleinen, idyllischen Dorf Roeksel, haben wir uns ein Aufnahmestudio eingerichtet, wo wir ungestört arbeiten können. Unseren alten Bus nutzen wir jetzt sozusagen als Aufnahme- und Regieraum."

MDL: „Ich bin gespannt. Habt ihr schon einen Namen für die Scheibe?"

Mick: „Mal schauen, vielleicht „The Red Side Of The Pantyliner". Vielleicht wird es auch ein Konzeptalbum werden, mit einer durchgehenden Story."

MDL: „Besonders gut fand ich bisher den „Hot Chicken Crash". Das könnte echt ein Hit werden."

Mick: „Ist eine schöne, deftige Bluesrocknummer!"

Tony: „Und „Free Stoned in Heaven" kommt auch richtig gut, nicht zu vergessen unsere Ballade „Sweat Love It All."

Mick: „Oder die Nummer „Crazy Cheese Delirium" mit dreistimmigem Satzgesang. Wir wollten gestern einfach mal gucken, wie die Stücke beim Publikum so ankommen. Die Stimmung war toll und der Laden ausverkauft. Heute bekamen wir nur positive Kritiken im Beuseler Abendkurier."

MDL: „Wie sehen demnach eure Pläne für die Zukunft aus?"

Mick: „Wir werden unsere neue Scheibe fertigstellen und vielleicht auf Tour gehen, mal schauen."

MDL: „Wann wird die Scheibe auf den Markt kommen?"

Mick: „Das kann ich nicht sagen, ich hoffe bald. Wir wollen uns aber kein´ Stress machen!"

MDL: „Wie heißt es so schön: Gut Ding braucht Weile!"

Mick: „Das ist Wullwaah!"

MDL: „Bitte was?!"

Mick: „Wullwaaah, aber nicht das, was du denkst, Mann! Das ist ein altes beusistaanisches Slangwort, bedeutet so viel wie: Das ist wohl wahr!"

MDL: „Ach so, äh, noch eine Frage an Tony. Welche sind deine Lieblingsschlagzeuger?"

Tony: „Das Tier aus der Muppets-Show und Mani Neumeier von Guru Guru!"

MDL: „Ah ja, alles klar. Ich bedanke mich für das tolle Interview und drücke euch ganz fest die Daumen für das neue Album!"

Mick: „Danke auch, Mann! Prost und fröhliche Weintrauben!"

MDL: „Tony, möchtest du noch ein letztes Wort sagen, bevor ich in den Whirlpool steige?"

Tony: „Ja, süßer die Locken sich kringeln, hau wech! Prost!"

Mick: „Ja, und süßer meine dicken Glocken erklingen!"

MDL: „Zum Wohle, schmeckt echt lecker dieser einheimische Rotwein und schönen Dank für die Einladung nochmal."

Mick: „Schon gut, nimm, was Du brauchst und viel Spaß noch im Whirlpool!"

MDL: „Danke, werd ich bestimmt haben."

Mick: „Aber ganz bestimmt, die Mädels warten schon!"

Das Gespräch fand kurz vor Weihnachten in dem neuerbauten, zweistöckigen Komforthotel „Challahballah", mit Pool auf dem Dach, am Stadtrand von Beusel statt.
Die Band feierte dort in der Hotelsuite mit circa 100 Gästen ein berauschendes Weihnachtsfest.

Erschienen ist das Exklusivinterview mit einigen Fotos in der Februar-Ausgabe 2014 der Musikfachzeitschrift MDL, „MyDingaLing".

DIE PRESSE MITTEILUNG

THE FABULOUS RETURN
OF THE FLYING PANTYLINERS
(2018)

Pantyliners:
„Mit Sicherheit ein gutes Gefühl!"

Es gibt eine neue Supergroup. Sie nennen sich Flying Pantyliners und kommen aus dem entfernten Beusistaan.

Mit ihrem Debüt-Album „The Hotpants Love Affair" starten die fünf sympathischen Musiker jetzt international durch. Nach dem sensationellen Erfolg mit ihrem Hit „Beuseldelia Dreaming", der wochenlang die Charts in über 28 Ländern anführte, geht die Band jetzt auf eine ausgiebige Europatournee. Zurzeit stürmt ihre neue Single „Let´s Slip Again" die Charts, und auch das Debüt-Album der fünf begnadeten Musiker führt die internationalen Charts an.

Hier das aktuelle Line-up der Band:

Mick Sweetwood: Leadvocals, Tambourin & Congas
Camillo Agricola: Lead & Rhythmguitar, Vocals
Chloe Merlot: Bass & Vocals
Tony Ohm: Drums & No Vocals
Alois Zwingberg: Keyboards & Background vocals

Die Konzert- und Cateringagentur Geilmann & Fuerlau Events holt die Band exklusiv für neun Auftritte nach Deutschland. Karten sind seit einigen Tagen in allen bekannten Vorverkaufsstellen und im Internet erhältlich.

Also schnell Karten besorgen für *das* musikalische Ereignis des kommenden Jahres!

Als Vorband konnten wir uns eine junge, vielversprechende, aus Kannabistaan stammende Girlie-Trashband sichern: die Travelling Pussygirls, die momentan mit ihrem Singlehit „I am your Pussy" in Europa für Furore sorgen. Eine gelungene, trashige Gitarrenversion des gleichnamigen Gong-Klassikers aus dem Jahre 1975.

Die Pussygirls bieten eine aufsehenerregende Bühnenshow. Die vier jungen Mädels rocken mächtig ab. Von ihnen darf man in nächster Zeit noch einiges erwarten. Das Konzert sollte sich niemand entgehen lassen, der absolute Hammer!

+++ eine Geilmann & Fuerlau Pressemitteilung +++ eine
Geilmann & Fuerlau Pressemitteilung +++

Geilmann & Fuerlau Events präsentiert:

THE FLYING PANTYLINERS

- LET´S SLIP AGAIN TOUR 2019 -

Support: Travelling Pussygirls

01. August – Hannover, AWD Arena

04. August – Hamburg, Stadtpark ***

07. August – Erfurt, Messehalle

08. August – Essen, Grugahalle

10. August – Mannheim, SAP Arena

12 August – Stuttgart, Schleyerhalle

14. August – München, Olympiastadion ***

16. August – Ulm, Donauhalle

23. August - Halstenbeck, Krupunder See ***

***„ROCK MEIN DING" Open-Air Festival ***
mit den Bands:
Travelling Pussygirls
Nepal Kiff Orchestra (NKO)
Bob Geilmann & Band (BGB)
und
The Flying Pantyliners

„Ja, Rock sei Dank! Das lange Warten hat endlich ein Ende. Das wird *das* Musikereignis des Jahres 2019. Ich kann es kaum erwarten. Das könnt ihr mir glauben!"

DER
ZWISCHENFALL III

Hier scheint alles noch in Ordnung zu sein, keine
Anzeichen zu sehen. Kurz nach dieser Aufnahme
bekam der Schlagzeuger jedoch einen
lebensbedrohlichen Samenkoller.

(Foto: Helmut Klingenberg)

Im Rahmen ihrer „Girls Go Wild Tour" spielte die Rhythm & Bluesband „Backseat Lovers" am Sonntag, den 15. Oktober 1989, in der bekannten hannoverschen Musikkneipe Frosch.

Bei diesem Konzert gab es einen dramatischen Zwischenfall. In der zweiten Runde, mitten im Stück „She´s Tuff" von den Fabulous Thunderbirds, stand der Schlagzeuger plötzlich auf, wankte benommen nach vorne zum Mikro des Sängers und zitierte einen Mehrzeiler.

Nach Befragung von Zeitzeugen, die damals vor Ort waren, konnte der genaue Wortlaut erstmals rekonstruiert werden:

Ich ging in einen Sexshop rein,
da stand ´ne Puppe,
die war aus Gummi und nicht aus Pappe.

Sie kostete rund achtzig Mark,
ich stach hinein,
der Knall war stark!

Tja, immer diese Schlagzeuger, wenn sie schon sonst nicht groß beachtet werden, sitzen immer hinten, keiner sieht sie so recht. Irgendwie muss man sich ja in „Szene" setzen.

Kaum hatte er seinen Mehrzeiler aufgesagt, lief er spermaweiß an und erlitt einen heftigen Samenkoller. Es schoss ihm beidseitig fontänenartig aus den Ohren. Seine Bandkollegen brachten sich schnell in Sicherheit und verließen die Bühne. Es war unglaublich, was da rauskam!

Dann wurde er ohnmächtig und brach zusammen. Auf der Bühne entstand eine riesige Spermapfütze, die sich in den Laden ergoss.

Einige Anwesende der MPH (Mucker-Polizei-Hannover) waren fassungslos und mussten tatenlos zusehen.

Ja, die Muckerpolizei Hannover, ich will jetzt keine Namen nennen! Sie sind meistens in Bühnennähe zu finden und treten in kleinen Rudeln auf, sind vorwiegend männlichen Geschlechts, starren mit einem mürrischen Gesichtsausdruck und verschränkten Armen auf die spielenden Musiker, in der Hoffnung, dass was schief geht.

Ein zufällig anwesender Rettungssanitäter konnte den Schlagzeuger wieder zu sich bringen. Noch etwas benommen, aber auch erleichtert durch die Befreiung vom Samenstau, wurde er in die Garderobe des Backstagebereichs gebracht. Sie setzten ihn in einen Ledersessel und brachten ihm wegen des Flüssigkeitsverlusts eine große Gerstenkaltschale.

Der Frosch drohte unterdessen abzusaufen. Die per Notruf herbeieilende Ortsfeuerwehr erschien mit einem Löschzug zum Abpumpen der schleimigen Flüssigkeit.

Wegen akuter Rutschgefahr musste die Kneipe geräumt, das Konzert abgebrochen werden.

Die nette Wirtin der Kneipe, Astrid, war geschockt und fragte beim Roadie (Dieter Bock, genannt Boogieböckie) der Band nach, ob es irgendwelche sexuellen Probleme in der Band geben würde. Er konnte aber nichts dazu sagen, er war selbst zu überrascht.
Auch der örtliche Veranstalter, KlingKlang Concerts, war bestürzt über die Vorkommnisse und fragte beim Bandmanager Edgar Feinschnitt nach, ob er etwas tun könnte. Einer der beiden Veranstalter, Knut Kling, hatte vorher als Diplom-Sexualtherapeut gearbeitet und bot

spontan seine Hilfe an. Der Bandmanager nahm das Angebot dankend an und leitete es an die Band weiter.

Der örtliche, sich am Maschsee befindliche Hörfunksender BND, BluesNachrichtenDienst, unterbrach sein laufendes Programm und brachte eine aktuelle Reportage über den Zwischenfall.

Das BKH untersuchte den Vorfall und lud die Band einige Zeit später zu einer Anhörung vor. Wie sich herausstellte, hatte der Schlagzeuger zuvor schon bei den Hotlips Boogie Lovers gespielt. Er litt schon längere Zeit unter einem massiven Samenstau. Bei den anderen Mitgliedern der Band war es wohl nicht ganz so schlimm.

Das BKH entschloss nach der Anhörung, die Band auf eine dreiwöchige Entsamungskur, unter anderem mit Ganzkörpermassagen, durch Thailand zu schicken, um den Samenkoller endgültig zu besiegen. Die anstehenden Kosten dafür übernahm zur einen Hälfte die BKKH, die andere Hälfte musste die Band selber tragen Das war sehr großzügig von der Kasse damals, sowas gibt es heutzutage nicht mehr.

Die nächsten Termine wurden abgesagt. Man wollte von Seiten des Managements kein Risiko eingehen. Auch sollte auf längeren Touren der Band zur Betreuung und Sicherheit der Musiker ein Sexualtherapeut mitreisen.

TIPPS

zum Hören, Sehen, Lesen ... und Staunen!

wer ordentlich was FÜHLEN will,
der muss auch das richtige HÖREN ... und SEHEN!

(Foto: BPA)

zum Hören:

Ash Ra Tempel & Timothy Leary: Seven Up, Live From The Bern Festival (Schweiz), 1972 auf Lp erschienen, 2011 auf CD bei Intergroove (EAN 4260017591137), ganze 2 Tracks („Space" and „Time").
Tipp: Auflegen und Abheben!!

++++

Birth Control: Birth Control Live, 1997 auf CD erschienen bei Sony Music (EAN 5099748716828), nur 5 Tracks (Laufzeit: 70:30 min.)
Anspieltipp: gibt es nicht, einlegen und abrocken ist angesagt (Luftgitarre nicht vergessen!).
Ein druckvolles, energiegeladenes Live-Konzert, Höhepunkt die 20 minütige Version von „Gamma Ray".

Birth Control war eines meiner ersten Live-Konzerte. Gesehen habe ich sie damals auf einen Sonntagabend in Lage (bei Detmold) in einer bestuhlten (!!) Schulaula. Bernd Noske (2014 leider verstorben) hatte eine Trommel zwischen den Beinen und robbte damit über die Bühne. Wir standen auf den Stühlen. Der Ordnungsdienst (es war die Freiwillige Feuerwehr Lage) hatte alle Hände voll zu tun die Fans von den Stühlen zu holen.

++++

Das dritte Ohr: Schwarz auf Weiss (Live), 1995 auf CD erschienen, Label Pogo Pop M (EAN 718751366220), 13 Tracks. CD leider gestrichen, nicht im Handel erhältlich.

++++

Das dritte Ohr: Himmel oder Hölle, 1997 auf CD bei Warner Music erschienen (EAN 706301958124), 12 Tracks.
CD leider gestrichen, nicht im Handel erhältlich.
Anspieltipp wäre: „Morgenstund hat Blei im Mund" und „Vollmond".
Schöner deutscher City-Bluesrock aus Hildesheim!

Deep Purple: Made in Japan, Doppelalbum, 1972 erschienen bei EMI Records. Es handelt sich um ein hervorragendes Live-Album mit einer Gesamtlaufzeit von 76 min. 44 Sek. (nur 7 Titel!). Die meisten Stücke des Albums stammen vom 1972 veröffentlichen Studioalbum *Machine Head*. 1998 als DoCD bei EMI erschienen mit zusätzlichen Tracks (EAN 724385786426), „Black Night", „Speed King" und „Lucille". Anspieltipp: „Space Truckin".

DR. FEELGOOD:

Down by the Jetty. Das erste Album vom Doktor, 1975 erschienen in Mono und längst ein echter Klassiker (mit Stücken wie She Does It Right, Roxette, I Don´t Mind oder Boom Boom von John Lee Hooker). Gab es dann später auch als CD. 2006 noch einmal in einer Collectors Edition (DoCD) bei EMI (EAN 094636395128) Digital remastert erschienen.
CD 1 (insgesamt 18 Tracks, Laufzeit: 56:33 min.) enthält die Mono-Version plus 5 Bonus Tracks. Tracks 15-18 sind neu.
CD 2 (insgesamt 23 Tracks, Laufzeit: 76:23 min.) die Stereo-Version und ebenfalls Bonus Tracks (4 Studio und 7 Live Tracks!!). Die Stereo-Version und die Bonus Tracks sind neu und gab es noch nicht. Aufgenommen in der Besetzung: Lee Brilleaux: Lead vocals & harp, Wilko Johnson: lead guitar & vocals, John B. Sparks: bass, The Big Figure: drums, vocals.
Lohnt sich auf jeden Fall, schon allein wegen der Stereo-Version von Down by the Jetty und den ganzen Bonus-Tracks. Schön gestaltet auch das beiliegende Bootleg mit näheren Informationen und einigen Fotos. Also, das volle Paket!

Stupidity + Live 1976 – 1990. Erschienen 1991 bei EMI Records in Großbritannien (EAN 0077779593422).
Auf diesem Album sind 24 Tracks (!!) in 3 verschiedenen Besetzungen zu hören (Laufzeit: 74:44).

Track 1-15 in der (Erst)Besetzung mit Lee Brilleaux: vocal/slide guitar/harmonica, Wilko Johnson: guitar/vocal, John B Sparks: bass und The Big Figure: drums/vocal. Track 16-21 mit John „Gypie" Mayo an Guitar und Track 22-24 mit Steve Walwyn: guitar/vocal, P H Mitchell: bass/vocal und Kevin Morris: drums. Lee war natürlich immer dabei.

Seinerzeit auf Platz 1 der UK-Album-Charts eingestiegen, enthält es eine Reihe von Hit-Singles, wie beispielsweise „She´s a Wind Up", „Down at the Doctors", „See You Later Alligator" und „Milk & Alcohol". Laufzeit: 74:44 min.

Wiederveröffentlicht im Jahr 2000 bei Grand Records (Grand CD 21 Cadiz Music). Allerdings in einer „abgespeckten Version" mit nur den ersten 15 Tracks. Zu beziehen über Rough Trade Distribution GmbH (EAN 5018349021025).

The Feelgood Factor (Grand CD 17 Cadiz Music).
Lee´s letztes Studio-Album. Erschienen 1993, wurde Tony Parsons Album der Woche in „The Daily Telegraph".
Ein starkes, packendes Album von vorne bis hinten. Anspieltipps: „Tanqueray", „Double Crossed" oder „Wolfman Callin´".
Zu beziehen über Rough Trade Distribution GmbH (EAN 5018349017028). 12 Tracks, Laufzeit: 45:39 min.

Down at the Doctors
(Grand Records CD18, EAN 5018349018025)
Das letzte Live-Album mit Lee Brilleaux. Aufgenommen an zwei Abenden im Januar 1994 in der Dr. Feelgood Music Bar, auf Canvey Island, Essex. Knapp 3 Monate später war er bereits tot. *Siehe auch Kapitel Down to the (Doctors) Canvey Island.*

Ein denkwürdiges, beeindruckendes Konzert, wäre ich gern dabei gewesen.

Interessant auch die Besetzung: neben Lee Brilleaux: Vocals, Harmonica, Steve Walwyn: Guitar, backing vocal, Kevin Morris: Drums sind Dave Bronze am Bass, backing vocal und Ian Gibbons an den Keyboards dabei.

11 Tracks, darunter Styrofarm, Tanqueray, Wolfman Callin´ und One Step Forward" von dem letzten Studio-Album *Feelgood Factor*. Das Konzert startet mit „If My Baby Quits Me" und endet mit einem furiosen „Heart of the City" von Nick Lowe. Beide Songs sind vom dem 1991er Album „Primo". Die Stimmung im Club kommt auf der CD gut rüber.

Der Livesound ist hervorragend, gute Aufnahme, gut abgemischt. Laufzeit der CD: 54:24 min.

Zu beziehen über: www.cadizmusic.com

Chess Masters (Grand CD 23 Cadiz Music).
Das erste Studioalbum mit dem neuen Sänger Robert Kane, früher bei The Animals. Erschienen am 15. Mai 2000 bei EMI Records in Großbritannien. Ein fesselndes, druckvolles Album. 14 Songs, alles Coverversionen, u. a. zwei von Willie Dixon. Als Opener geht es gleich mit „Nadine" von Chuck Berry los. Auch „Who Do You Love" von Bo Diddley ist sehr gelungen. Das Album endet mit einer tollen Version von Willie Dixons „Hoochie Coochie Man".

Starkes Album, gut abgemischt, spielt es laut! Der „Neue" ist angenommen! Laufzeit: 47:55 min.

In Deutschland erschienen bei Rough Trade Distribution GmbH (EAN 5018349023029). War zwischenzeitlich mal gestrichen, ab 2011 in DigiPack Form wieder erhältlich.

Hier noch ein Hinweis:

Für alle Dr. Feelgood Neupatienten (und für alle anderen, die bereits in Behandlung sind und ihre Dosis erhöhen wollen) kann ich folgende Boxsets (incl. toll aufgemachten Booklets) wärmstens empfehlen:

Lee Brilleaux: Rock´n´Roll Gentleman. His Musical Journey With Dr. Feelgood 1974-1994 (4 CD´s, alle prall gefüllt, incl. 48 seitigen Booklet). 2017 bei Parlophone Records (EAN 0190295919214) erschienen.

Dr. Feelgood: All Through The City (die Jahre mit Wilko Johnson von 1974-1977), bestehend aus 3 CD´s und 1 DVD. 2011 bei EMI Records (EAN 5099955980524) erschienen.

Dr. Feelgood: Taking No Prisoners (die Jahre mit Gypie Mayo von 1977-1981), bestehend aus 4 CD´s und 1 DVD. 2013 bei EMI Records (EAN 5099901954029) erschienen.

Wer also noch (gar)nichts haben sollte, ist mit dieser ultimativen Spritze (bestehend aus drei Boxsets) bestens versorgt und hat keine Wünsche mehr!!

Franz K.: Wir haben Bock auf Rock und Geh zum Teufel. 2008 als DoCD bei SPV (EAN 693723718224) erschienen. CD1 7 Tracks, Laufzeit 34:53 min., Anspieltipp: Wir haben Bock auf Rock, CD2 8 Tracks (incl. 2 Bonustracks), Laufzeit 41:47 min., Anspieltipp: „Rock in Scheeßel".

++++

Genesis: The Lamb Lies Down On Broadway, 1974 als Doppelalbum erschienen bei Charisma Records. Es handelt sich um ein Konzeptalbum mit einer Gesamtlaufzeit von 95:17 Minuten (23 Titel). Singleauskopplungen „Counting Out Time" und „The Carpet Crawlers".

Guru Guru: Guru Guru

Im Frühjahr 1973 veröffentlichen Guru Guru in der Besetzung Mani Neumeier (Schlagzeug/Gesang), Ax Genrich (Gitarre) und Neuzugang Bruno Schaab (Bass, Ex-Night Sun), der für den ausgestiegenen Uli Trepte gekommen war, ihr viertes Album. Die Scheibe beginnt mit „Samantha´s Rabbit", eine schlichte; eher spartanisch gehaltene Rocknummer mit sprödem Charme. Typisch Krautrock? „Wir haben den Begriff Krautrock nie gemocht und eigentlich nur darüber gelacht", sagt Neumeier. „Aber wir waren ja sowieso die Exoten damals. Wir nannten unsere Musik Acid-Rock oder Underground, vor allem LSD in Verbindung mit elektrischen Verstärkern. Keine harten Drogen, das lehnten wir ab." Das anschließende, dreizehnminütige „Medley" und „Twenty Flight Rock" (eine unüberhörbare Hommage an Eddie Cochran) ist eine Aneinanderreihung unterschiedlicher Stilmittel. Insbesondere Gitarrist Ax Genrich, der 1970 zur Gruppe gestoßen war, drückt diesen Kompositionen seinen Stempel auf.

Den populärsten Song ihrer Karriere präsentieren Guru Guru mit „Der Elektrolurch", der fortan zum Epizentrum der Bühnenaktivitäten avanciert und die Musiker zu immer neuen Aktionen inspiriert. Der Elektrolurch ist ein Fantasiegebilde, bei dem Neumeier mit selbstgebauter Maske und einer Nahkampfhose nach Art der Ringer um seine Percussion-Instrumente hüpft wie ein Kannibale um den Feuerkessel, der in Vorfreude seine Mahlzeit weich klopft. So bunt wie die Bühnenperformance ist auch das 73er Album, das mit dem zwölfminütigen Epos „The Story Of Life" endet. Das Stück wird von der Musikzeitschrift „Sounds" als „Sardelle auf der Paste" bezeichnet, was wohl als Lob gedacht ist.

(Auszug aus dem CD-Booklet. Text: Matthias Mineur)

„Wir spielen nicht kosmischen, sondern komischen Rock"
(Mani Neumeier, 1973)

2004 ist bei SPV eine abgespeckte Version dieser Scheibe als CD (EAN 693723494821) erschienen, allerdings nur 5 Tracks (Laufzeit 42:20 min.). Anspieltipp: natürlich „Der Elektrolurch!"

++++

Steve Hillage: L, 1976 erschienen bei Virgin Records, das zweite Album, 6 Titel mit einen Gesamtlaufzeit von 42 min. 48 Sek., Anspieltipp: „Hurdy Gurdy Man" (von Donovan).

JANE:

Together, das erste Album der Band, 1972 erschienen bei Brain Records, 6 Titel mit einer Laufzeit von 43:47 Minuten. 1990 als CD erschienen (Brain, Universal Music). Ein wunderbares Album mit vielen *Jane*-Klassikern. Anspieltipp: „Daytime" und „Hangman".

Live At Home, 1976 auf Schallplatte (Brain, 80.0001, DoLP) erschienen, 2008 auf CD (mit Bonus-CD) bei SPV (EAN 693723427126). 11 Tracks (Laufzeit 65:28 min.). Anspieltipp: „Daytime".
Die Bonus-CD enthält 8 Tracks (Laufzeit 78:31 min.). Anspieltipp: „Out In The Rain", „Fire Water Earth + Air".
Als zusätzliche Bonus-CD gibt es das komplette Konzert der Band aus dem Funkhaus des WDR vom 8. Januar 1977 mit tollen Versionen von Klassikern wie „Fire Water Earth & Air", „Out In The Rain" oder „Hangman" und einer im Vergleich zu Live At Home noch längeren Version ihres Monumentalstückes „Windows". Eine echte Rarität!

(Auszug aus dem CD-Booklet. Text: Matthias Mineur)

Live At Metas, 2007 auf DoCD erschienen bei Soulfood Music (EAN 4046661092721), CD 1: 10Tracks (Laufzeit: 47:49 min.),CD 2: 5 Tracks (Laufzeit: 48:38 min.).

Die Rockgruppe aus Hannover existiert seit mehr als 35 Jahren, gab am 5. Dezember 1970 ihr erstes Konzert und galt vor allem in den Siebzigern als Prototyp der sogenannten Krautrock-Generation. Bis heute konnte die Band in ganz Europa, Neuseeland und Amerika an die zwei Million Schallplatten verkaufen, ihr 76er Bühnenwerk *Live At Home* wurde mit Gold ausgezeichnet, im September 1977 erhielten die Musiker zudem das Goldene Brain Label ihrer Plattenfirma.

Seit Juni 2007 steht das aktuelle Werk Voices in den Geschäften und markiert einen zwar tragischen, gleichzeitig aber auch überzeugenden Wendepunkt in der Geschichte der Band:

Es ist die letzte Studio-Produktion mit ihrem Sänger/Schlagzeuger Peter Panka, der nach seinem Tod eine riesige Lücke hinterlässt, nicht nur bei Jane sondern in der gesamten deutschen Musiklandschaft.

Die Aufnahmen dieser Doppel-CD entstanden während der Tournee 2006 im METAs Musikschuppen direkt an der Nordseeküste.

Es ist das letzte Werk mit ihrem Sänger/Schlagzeuger Peter Panka, der am 28. Juni 2007 starb.

Pankas ausdrücklicher Wunsch an seine Kollegen war, die Band auch über seinen Tod hinaus fortzusetzen.

„So lange ich lebe, wird es Jane geben", erklärte in den Siebzigern Peter Panka, Kopf, Gründer und Schlagzeuger einer der dienstältesten deutschen Rockformationen. Seit seinem viel zu frühen Tod weiß man, dass Panka Recht behalten hat. Bis zu seinem letzten Tag hat er die Geschicke der Band geleitet und ihrer Musik Stimme Takt und Seele gegeben.

Auf seinen ausdrücklichen Wunsch hin werden Jane auch ohne ihre Galionsfigur zukünftig weiter existieren. Durch diese letzte große Geste seines irdischen Daseins gibt Panka Fans wie Musikern die Möglichkeit, sein Lebenswerk weiterhin in vitalem Gedenken zu halten.

(Text: Matthias Mineur)

++++

Kraan: Kraan, 1972 auf Lp erschienen, 2000 auf CD bei EMI Music (EAN 724382266822), 9 Tracks, 1-5 Original und vier Bonustracks (Laufzeit: 72:05).
Anspieltipp: „Sarah´s Ritt durch den Schwarzwald".

++++

Kraan: Live, 1975 auf DoLp erschienen, 2000 auf CD bei EMI Music (EAN 724382267126), 9 Tracks, Laufzeit: 77:52 min.
Anspieltipp: „Nam Nam" und „Holiday am Marterhorn including Gipfelsturm".
Oder noch besser: Einlegen und laufen lassen, klasse Konzert, tolle Stimmung!

++++

Mountain: Live-Album Twin Peaks, 1974 auf DoLp erschienen, Anspieltipp: „Mississippi Queen" und „Nantucket Sleigh Ride" (auf der DoLp erstreckt sich die Nummer über 2 LP Seiten, Seite 2 u. 3!).
1990 auf CD bei Sony Music (EAN 5099746684426) erschienen, 9 Tracks, Laufzeit: 68:49 min.

++++

Novalis: Album Novalis, 1975 auf LP erschienen. 2004 auf CD bei Universal Music GmbH (EAN 0602498237724). 6 Tracks (Laufzeit: 46:16 min.) befinden sich auf der CD, darunter „Wer Schmetterlinge lachen hört" und „Es färbte sich die Wiese grün".

Die Band veröffentlichte zwischen 1973 (erstes Album: Banished Bridge) und 1985 (letztes Album: Nach uns die Flut) insgesamt mehr als ein Dutzend Alben.

++++

Pink Floyd: Wish We You Here, 1975 als LP erschienen bei Harvest Records, 5 Titel mit einer Laufzeit von 44:28 Minuten. Ein echter Klassiker, sollte in keiner Sammlung fehlen. Eine Remastered Version ist 2011 als CD erschienen. Anspieltipp: „Shine on You Crazy Diamond".

++++

Roxy Music: For Your Pleasure, das zweite Album der Band und das letzte mit Brian Eno am Synthesizer, 1973 als LP erschienen bei E.G. Records. 1984 auf CD (EAN 5012985300827) erschienen, 8 Tracks (Laufzeit: 42:13 min.). Anspieltipp: „Do The Strand".

++++

Supertramp: Crime of the Century, das 3. Studioalbum, es verschaffte der Band den Durchbruch. 1974 als LP erschienen bei A&M Records, 8 Titel mit einer Laufzeit von 44:13 Minuten. Im Dezember 2014 erschien eine überarbeitete Neuauflage des Albums in einer Deluxe Edition. Neben dem normalen Album liegt dieser Ausgabe eine Bonus-Live-CD (13 Tracks) bei, die beim Konzert vom 9. März 1975 im Londoner Hammersmith Odeon aufgenommen wurde. Sie hat ein neu gestaltetes, 24-seitiges und bebildertes Booklet mit allen Liedtexten und ausführlichem Bandportrait. Anspieltipp: „School" und „Bloody Well Right".

++++

Yes: Relayer, 1974 als LP erschienen bei Atlantic Records, 3 Titel mit einer Laufzeit von 40:27 Minuten. Das Album wurde 2003 vom Plattenlabel Rhino Records remastert und wiederveröffentlicht. Diese Auflage enthält die Bonustracks „Soon", „Sound Chaser" und „The Gates of Delirium". Anspieltipp: „The Gates of Delirium" (21:54 min.!).

zum Hören und Sehen:

Birth Control:

History (Krautrock Classics), 2005 auf DVD erschienen bei Edel Germany (EAN 4260094642968), Laufzeit ca. 152 min. Mit einem Interview von Bernd „Nossi" Noske. Er erzählt die turbulente Geschichte der Band, außerdem enthält die DVD u.a. ein komplettes Konzert aus dem Jahre 1996.

Dr. Feelgood:

Ein schönes Teil ist die DVD/CD Kombi GOING BACK HOME. 2005 bei EMI (EAN 724356038301) erschienen.

Auf der DVD ein Konzert (leider viel zu kurz) aus dem Jahr 1975, aufgenommen am 8. November im Kursaal von Southend. Beeindruckendes Konzert aus der Anfangsphase von Dr. Feelgood. Lee und Wilko (man achte auf„ Riot in Cell Block No 9") lassen hier ordentlich die Sau raus. Das Konzert gab es bereits schon mal auf VHS-Kassette. Leider ist die DVD-Version auch nicht viel länger, bis auf das Promo-Video „Back In The Night".

Das Konzert umfasst 8 Songs plus das Promo-Video.

Laufzeit der DVD: ca. 33min. Wie gesagt, viel zu kurz.

Auf der Audio CD dafür das Konzert in voller Länge (19 Songs!!) plus 4 Bonus-Livetracks aus Sheffield und Aylesbury. 23 Tracks, Laufzeit der CD: 73:07 min.

Die Besetzung ist: Lee Brilleaux: lead vocals & harp, Wilko Johnson: lead guitar & vocals, John B. sparks: bass und The Big Figure an den Drums.

++++

Die DVD Dr. Feelgood Live. 2003 erschienen bei Soulfood Music (EAN 823880008962).

Gab es schon mal auf VHS-Kassette:

Dr. Feelgood Live Legends (EAN 5016500600324) erschienen bei Castle Music Pictures (CMP 6003). Laufzeit ca. 60 min.

Meine Kassette ist übrigens völlig abgenudelt.

„AWRIIIGHT!". Eines meiner Lieblingskonzerte mit dem Doctor. Tolles Konzert (ca. 1989 aufgenommen), ekstatische Stimmung, Publikum geht voll ab. 14 Songs werden in der Besetzung: Lee Brilleaux: lead vocals & harp, Steve Walwyn: lead guitar & vocals, Phil Mitchell: bass und Kevin Morris an den Drums kraftvoll dargeboten, eine echte Vollbehandlung!! Leider fehlt auf der DVD-Version der Shotgun Blues (ca. 8min.). Sehr schade, weil mit ein echtes Highlight.

Zur DVD noch: Bildqualität ist in Ordnung, guter Sound! Laufzeit ca. 50 min.

++++

Die DVD Dr. Feelgood Live In London: Recorded live at The Mean Fiddler, 20. August 2005.

Grand Records 2005 (Grand DVD 1) EAN 5018349000198.

Diese DVD habe ich übrigens 2008 (mit Setliste) bei einem Konzert in der Bluesgarage in Isernhagen erstanden. Dargeboten werden 17 Songs in der Besetzung: Robert Kane: lead vocals & harp, Steve Walwyn: lead guitar & vocals, Phil Mitchell: bass und Kevin Morris an den Drums.

Erschienen bei Good to Go GmbH (GTG music).

Zur DVD noch: die Bildqualität ist gut, aber der Sound könnte besser sein. Laufzeit ca. 80 min.

Das war eine kleine, persönliche Auswahl an Bild- und Tonträgern von Dr. Feelgood. Es gibt natürlich noch mehr.

Der gesamte Backkatalog kann bestellt werden
per Internet: www.cadizmusic.com
oder per Post: 2 Greenwich Quay, London SE8 3EY
Tel: 020 8692 3555

Wilko Johnson: Live at Koko (Camden Town, London, 6th/10th March 2013) Erschienen 2013 bei CadizMusic (CADIZDVD 127), EAN 844493061274. 16 Tracks, Konzertlänge ca. 83 min., Wilko spielt in Trioformation und es geht voll ab, u. a. mit Songs wie „Going Back Home", „Back in the Night" und „Johnny B Goode". Lohnenswerte DVD mit Interview (66 min.) und Extras (27min.).

Jane: Live At Rockpalast-Bonn 2004, ein echtes Sahnebonbon, 2017 auf CD/DVD erschienen bei MIG-Music. Vertrieb über Indigo (EAN 885513907622), 10 Tracks plus Rockpalast Interview auf der DVD. Ein Hammerkonzert, die Jungs waren in absoluter Hochform!
Laufzeit der DVD: ca. 85 min.

Bei ihrem „Krautrockpalast"-Konzert im Dezember 2004 spielten Peter Panka´s Jane dem nostalgischen Anlass entsprechend ein buntes Best-of-Programm mit den wichtigsten und beliebtesten Stücken ihrer Karriere. Unverzichtbar neben Songs wie „Fire, Water, Earth & Air" oder „Daytime" waren natürlich die beiden herrausragenden Kompositionen der Gruppe, das wunderbar verträumte „Out In The Rain" und die kraftstrotzende Nummer „Hangman", ein rassiger Boogie-Rocker mit orgiastischem Gitarrensolo. Das Konzert in der Bonner „Harmonie" endete mit der Ballade „So, So Long", einer Nummer, die heute, mehr als 12 Jahre und viele Jane-Konzerte später, fast wie ein Abschiedsgruß an Sänger und Schlagzeuger Peter Panka klingt.

Denn „Live At Rockpalast 2004" gehört zu den letzten in Bild und Ton festgehaltenen Auftritten des charismatischen Jane-Gründers, der am 28. Juni 2007 starb und eine riesige Lücke hinterlassen hat, nicht nur innerhalb seiner Band, sondern in der gesamten deutschen Musiklandschaft.

Pankas ausdrücklicher Wunsch an seine Musikerkollegen war, die Gruppe auch über seinen Tod hinaus fortzusetzen. Wie hätten sie ihm dieses Anliegen verwehren können? (Auszug aus dem CD-Booklet. Text Matthias Mineur, Februar 2017)

Peter Panka
03.03.1948 - 28.06.2007

Eilenriede Bluessession

Wer mal vorbeischauen oder gar teilnehmen möchte ...
Die Eilenriede Bluessession in Hannover.
Backline, Schlagzeug und PA werden komplett gestellt,
andere Instrumente bitte mitbringen.
Immer am ersten Freitag im Monat im Clubhaus 06
(VFR 06-Gelände), Gustav-Brandt-Str.82, 30173 Hannover
Auch auf Facebook.

zum Lesen:

ALLE WEGE FÜHREN NACH DIETRAHMSZELL

Die wirklich wahren Bekenntnisse des bayrischen Türken
Alibert Achmett
(Eine Autobiografie)

erschienen im Sepplhuber-Verlag Bernwardshell (Bayern)
Taschenbuchausgabe in original bayrischer Sprache.
296 Seiten

DAS BUCH DER TRINKSPIELE

Meister Suff
69 geniale Arten, sich so richtig schön abzuschießen

erschienen im Riva Verlag
Taschenbuchausgabe, 159 Seiten

VON DEN SLIPEINLAGEN ZU DEN FLYING PANTYLINER´S

Ein musikalischer Kreuzzug

erschienen im Kannibal-Verlag-Beusistaan (KVB)
Buchausgabe gebunden, 369 Seiten.

LIVING THE BLUES

Canned Heat´s Story zwischen Musik, Drogen,
Tod, Sex und Überleben
von Fito de la Parra
mit
Terry W. und Marlane McGarry

erschienen 2001 im Little Big Beat Musikverlag
367 Seiten

*Anm.: Für Canned Heat Fans ein Muss, tolles Buch, es fesselt
einen, man nimmt es nicht mehr aus der Hand!*

Folkert Koopmans (Hrsg.):
20 JAHRE HURRICANE FESTIVAL (1997-2016)
FKP Scorpio, 2016.

WILKO JOHNSON

Das Leben geht weiter (Heyne Verlag, 256 Seiten)

Sehr empfehlenswert, gerade für eingefleischte Wilko
Johnson Fans. In seiner bewegenden Autobiografie erzählt
er von seiner Familie und der Jugend, der Liebe seines
Lebens, seiner schweren, überstandenen Krankheit und
natürlich von der Musik, vor allem von seiner Karriere bei
Dr.Feelgood.

Wilko spielte in der Band von 1974 bis 1977 Gitarre und war
der kreative Motor der Formation.

Weblinks

Wer im Internet mehr erfahren
oder weiter forschen möchte.

Lebe im Hier und Jetzt
Essen und Trinken schmeckt
und der Stuhlgang ist fest!

(Jawoll)

Birth Control
www.birth-control.de

Bluesgarage Isernhagen
www.bluesgarage.de

Das dritte Ohr
nicht mehr aktiv
https://de.wikipedia.org/wiki/Das_dritte_Ohr

Dr. Feelgood
www.drfeelgood.org

Eilenriede Blues Session Hannover
eilenriede-blues-session.jimdosite.com

Forever And The Day
www.foreverandtheday.de
(aktuell nur noch als Trio unterwegs)

Frosch Hannover
www.frosch-hannover.de

Guru Guru
www.mani-neumeier.de

Die JANE Formationen:

Peter Panka´s Jane
www.jane-music.com
(offizielle Homepage von Jane)

www.cool-and-easy.com

Das unabhängige Label der deutschen Rocklegende JANE

Kontakt: info@cool-and-easy.com

Das Jane Forum:

Administrator: Michael, Klaus
Moderatoren: Andreas, Coma, Dieter, Presi

Auf Initiative des niederländischen Künstlers Berend Jansen
wurde das Forum im Frühjahr 2006 ins Leben gerufen.
Weit über 12.000 Beiträge. Diese außergewöhnliche und
starke Gemeinschaft mit über 300 Mitgliedern ist
mittlerweile eines der stärksten Foren der 70er Jahre und
der sogenannten Krautrock-Ära.
Viele Menschen aller Altersstufen und Nationaltäten treffen
sich hier nur aus einem einzigen Grund:
„Liebe zur Musik von JANE".
Mach mit im Forum, denn gemeinsam können wir viel
bewegen!
(Text aus dem Booklet der Live At Metas CD von Jane 2007)

www.jane-forum.de

Werner Nadolny´s Jane
www.jane-band.com

Mother Jane
nicht mehr aktiv
https://de.wikipedia.org/wiki/Mother_Jane

Wilko Johnson

www.wilkojohnson.com

Die Kollegen

www.die-kollegen.net

Kraan

www.kraan.de

Live at Metas

www.metas-musikschuppen.de

Low Perfomer-Band

www.low-performer.com
(mit BoisyB am Schlagzeug)

Mani Neumeier

Kontakt: mani@guru-guru.com

Nimm drei

nimm3-hannover.de

Quellennachweise
&
Danksagungen

Danke, Danke!

... für die Bild-Collage, ein Fan-Geschenk.

QUELLENNACHWEISE:

Das Scheeßel Desaster
Teil III: Das Hurricane Festival

Seite 76: „Hurricane Festival". In: Wikipedia, Die freie Enzyklopädie. Bearbeitungsstand: 24. August 2017, 05:27 UTC.
URL:https://de.wikipedia.org/w/index.php?title=Hurricane_Festival&oldid=168421465
(Abgerufen: 28. November 2017, 20:09 UTC)

DANKSAGUNGEN:

Das Scheeßel Desaster

Danke an die Zeitungen Scheeßeler Anzeiger und Rotenburger Rundschau für die freundliche Genehmigung zum Zitieren der beiden Zeitungsartikel aus dem Jahre 1977.

Scheeßeler Anzeiger von 1977:

Chaos im Eichenring-Stadion:
20.000 Besucher fühlten sich betrogen.
Prominente Gruppen brachen Verträge
Bühne angesteckt.
Eine Million Mark Sachschaden.

Rotenburger Rundschau von 2002:

Das Ende des Rock: der heißeste Sommer.

Nicht immer lief alles glatt bei den Scheeßeler Festivals.
Vor 25 Jahren brannte der Eichenring.
Dieser Artikel erschien zum 25jährigen Jubiläum
(1977-2002) der Zeitung.

Paint It Black in Moellenbeck

Danke an die Schaumburger Zeitung und Schaumburger
Wochenblatt für die Artikel:

Tom ließ die Hüften kreisen (SZ v. 27.07.1993)
Nicht original-aber live (SZ v. 21.07.1993)
und Heute Rock-Konzert (SWB v. 24.07.1993)

**Die wirklich wahren Gründe, warum man(n) in einer
Tanzkapelle spielt**

Eine Inspiration für diese Geschichte war (auch) das Buch
von
Helmut Schinagl:
Die Älpler und ihre Lustbarkeiten
1973 erschienen im Wort und Welt Verlag Innsbruck

Buch

Korrekturlesung
bei
Markus B. Eberwein

Lektorat der Kapitel
Der Bockbieranstich, Die Kleinanzeige und
Die wirklich wahren Gründe warum man(n) in einer
Tanzkapelle spielt
bei
Christopher Graz

Lektorat der übrigen Kapitel
bei
Rohlmann & Engels

Vielen Herzlichen Dank an

Matthias Mineur, Stephan Josefus, Mani Neumeier, Tom
Schrader für die freundliche Genehmigung zum Abdrucken
der Artikel bzw. Songtexte.

ZUM SCHLUSS

Zeitungsartikel aus der Nabistaner Rundschau vom 23. 07. 2018:

Schwere Unwetter über weiten Teilen von Kannabistaan.

Zeppelin musste notlanden.

Zahlreiche Verletzte.

Von Tina Törner

Nabista (NRS). Schwere Unwetter mit Blitz, Hagel und Donner zogen gestern über weite Teile von Kannabistaan.

In der Nähe von Anabistan musste der Zeppelin „Moby Dick" eine Notlandung vornehmen. Alle Besatzungsmitglieder und Passagiere konnten sich rechtzeitig in Sicherheit bringen, bevor ein Blitz in den Zeppelin einschlug und er in Flammen aufging.

Einige Passagiere wurden bei dem harten Aufprall verletzt. Unter anderen auch zwei Mitglieder der aus Beusistaan stammenden Band The Flying Pantyliners. Sie erlitten komplizierte Knochenbrüche und wurden sofort ins nahegelegene Hospital gebracht. Die beiden Musiker waren auf dem Weg zu einem Konzert in Nabista.

Der Zeppelin fliegt einmal wöchentlich zwischen den beiden Hauptstädten Beusel (Beusistaan) und Nabista (Kannabistaan). Der Flugverkehr wird bis auf Weiteres eingestellt, da es keinen Ersatzzeppelin gibt. Reisende werden gebeten den Fernbus Linie 66 zu nutzen.

Die komplette Deutschlandtournee der „Flying Pantyliners"
ist abgesagt.

Bei einem Unwetter in Kannabistaan musste der Zeppelin
„Moby Dick" eine Notlandung vornehmen. Dabei erlitten
mehrere Besatzungsmitglieder und einige Passagiere
komplizerte Knochenbrüche. Unter anderem auch zwei
Mitglieder der zur Zeit angesagtesten Band „The Flying
Pantyliners".

Wann die Tournee nachgeholt wird, ist ungewiss.

Bereits gekaufte Tickets können an den bekannten
Vorverkaufsstellen zurückgegeben werden.

Für eventuelle Unannehmlichkeiten bitten wir um
Entschuldigung.

Anna Bolikah
(Pressesprecherin Geilmann & Fuerlau Events)

Tja, da kann man nicht viel machen! Abwarten und Tee trinken, oder einen Lumumba, vielleicht doch lieber einen Ansecco!?

Gesponsert von:

ABV
ALLZEIT B(E)REIT VEBAND
Wetmountain (Germany)

Richtigstellung (von Jo Rednas):
Betrifft Zeitungsartikel SZ vom 27.07.1993, Seite 185.
Da wurde geschrieben:
Am Schlagzeug ein waschechter Möllenbecker.
Das stimmt so nicht.
Boisy ist kein waschechter Möllenbecker,
sondern ein kristallklarer Rintelner.
Eine Zeitungsente?!

Rat & Tat

Wir wissen zwar nicht was Herr Dr. Somma
empfiehlt,
aber wir empfehlen:

LIEBE DEINEN NÄCHSTEN
SOLANGE ER NOCH WARM IST!

war das etwa alles
Reiner Zufall
war das etwa alles
Reiner Zufall
war das etwa
Reiner Zufall
war das etwa
Reiner Zufall
war das
Reiner Zufall
war das
Reiner Zufall
Reiner Zufall
Reiner Zufall
Reiner Zufall
Reiner Zufall
Reiner Zufall
Reiner Zufall
Reiner Zufall
Reiner Zufall?？

Bei Beschwerden, Einwänden und ähnliches wenden
Sie sich bitte schriftlich an folgende Adresse:

Reiner Zufall
Im Zufall am Winkel 6
<u>69696 Zufallshausen</u>

<u>(bitte Rückporto dabei legen!)</u>

Ist das nun wirklich (alles) Reiner Zufall
und seine besten Freunde?!